教育部人文社会科学研究一般项目"数字金融与制造业升级协同发展机
（项目编号：23YJA790035）研究成果

数字金融与制造业升级协同发展机制研究

蒋天颖　张　超　著

SHUZI JINRONG YU ZHIZAOYE SHENGJI

XIETONG FAZHAN JIZHI YANJIU

中国财经出版传媒集团

经济科学出版社
Economic Science Press

·北京·

图书在版编目（CIP）数据

数字金融与制造业升级协同发展机制研究／蒋天颖，
张超著 . -- 北京：经济科学出版社，2025.7. -- ISBN
978 - 7 - 5218 - 6751 - 0

Ⅰ. F832 - 39；F426. 4

中国国家版本馆 CIP 数据核字第 202586HN89 号

责任编辑：周胜婷
责任校对：孙　晨
责任印制：张佳裕

数字金融与制造业升级协同发展机制研究

SHUZI JINRONG YU ZHIZAOYE SHENGJI XIETONG FAZHAN JIZHI YANJIU

蒋天颖　张　超　著

经济科学出版社出版、发行　新华书店经销

社址：北京市海淀区阜成路甲 28 号　邮编：100142

总编部电话：010 - 88191217　发行部电话：010 - 88191522

网址：www. esp. com. cn

电子邮箱：esp@ esp. com. cn

天猫网店：经济科学出版社旗舰店

网址：http：//jjkxcbs. tmall. com

北京季蜂印刷有限公司印装

710 × 1000　16 开　17. 25 印张　210000 字

2025 年 7 月第 1 版　2025 年 7 月第 1 次印刷

ISBN 978 - 7 - 5218 - 6751 - 0　定价：98. 00 元

（图书出现印装问题，本社负责调换。电话：010 - 88191545）

（版权所有　侵权必究　打击盗版　举报热线：010 - 88191661

QQ：2242791300　营销中心电话：010 - 88191537

电子邮箱：dbts@ esp. com. cn）

前　言

　　近年来，数字金融的快速发展为实体经济获得金融服务注入了强大活力。数字金融借助数字技术提升了金融服务的普及性和精确性，使得金融产品和服务能够更加高效地直达广大经济主体和消费者，实现了金融资源与经济需求的精准对接。此外，数字金融运用数字技术，打破了传统金融服务在地理、时间上的局限，为农民、城镇低收入人群、小微企业等传统金融服务难以覆盖的弱势群体提供了更加个性化、便捷化的金融服务，成功解决了金融服务"最后一公里"的难题。因此，数字金融就像经济系统中的微小而关键的通道，贯穿于实体经济的各个层面，与实体经济建立起更为牢固的联系，并且它们之间的相互作用和相互影响越发强烈，是推进数实深度融合的重要环节。

　　本书以数字金融与制造业升级协同发展为切入点，以我国30个省份（未包括港澳台地区和西藏自治区）为研究对象，遵循"数字金融与制造业升级及二者协同发展理论模型构建→数字金融与制造业升级综合评价与空间特征→数字金融与制造业升级时空动态关系验证→数字金融与制造业升级协同发展时空演化规律→数字金融与制造业升级协同发展影响机制检验→数字金融与制造业升级协同发展优化路径与政策建议"这一研究主线，在数字经济与实体经济融合发展的大背景下，构建数字金融与制造业升级协同发展的研究理论框架，阐述数字金融与制造业升级协同发展对未来中国数字经济发展以及制造大国战略的重要作用。

本书采用综合测度模型、协同发展模型、数理统计分析、ArcGIS 空间地理分析、空间计量经济学等多种模型，系统分析数字金融与制造业升级协同发展度的时空演变规律以及内外部影响机理。

研究发现：第一，2012～2022 年，数字金融和制造业升级发展水平呈现出稳步上升的趋势，但东部、中部和西部地区的水平存在显著差异。东部地区的数字金融发展水平领先于中部地区，而中部地区又高于西部地区。东南沿海地区相较于西北内陆地区，有更先进的制造业发展水平。第二，2012～2022 年，数字金融与制造业升级在空间上均呈现邻近性特征，无论是高水平区域还是低水平区域，均形成空间"趋同"现象。此外，数字金融与制造业升级脱钩关系以扩张负脱钩和弱脱钩为主。扩张负脱钩和弱脱钩类型的省份空间分布逐渐从沿海地区扩展至全国大部分地区。第三，2012～2022 年，中国各地区数字金融与制造业升级的协同发展度显著提升，由初级协调进步至良好协调水平。协同发展类型分为"勉强协调—数字落后""初级协调—数字落后""中级协调—同步发展""优质协调—同步发展"四种,其中仅北京、广东、浙江、上海四地达到"优质协调—同步发展",其余地区均属数字落后型。此外,区域数字金融与制造业升级协同发展度的空间格局保持稳定。LISA 时间路径移动长度显示东部最活跃,西部次之,中部最稳定。第四,数字金融与制造业升级协同发展的内部影响存在差异。制造业智能化(DUP)的驱动作用最强,制造业高端化(HUP)和数字金融使用程度(DEP)也具有较强的驱动作用,而数字金融覆盖程度(WID)相对较弱。第五,数字金融与制造业升级各变量组合对协同发展度均有正面影响,但边际效应差异显著。数字金融方面,使用程度与覆盖度、数字化程度的组合影响依次递减,对高覆盖深使用的数字金融系统影响最大。制造业升级方面,绿色化与智能化组合对协同发展度的提升力度最大,高端化与智能化对协同发展的影响次之。第六,区域创新、城镇化、市场化、外商直接投资、贸易开放、人力资本和政府干预等因素均对数字金融与制造业升级协同发展有显著正向影响。

　　基于以上研究发现,本书提出推动数字金融与制造业协同发展的相关政策思考和建议。第一,明确数字金融在资源配置、风险管理、资本流动、支付结算等方面的基础作用。政府应加强数字金融基础设施的建设,推动网络信息技术、云计算、大数据、人工智能等技术与金融业务的深度融合,并且提供更加便捷、安全、普惠的金融服务。同时,政府还应优化监管框架,制定符合数字金融特征的监管政策,确保数字金融发展中的风险可控，防止金融犯罪、数据泄露等安全隐患，从而为数字金融的健康、可持续发展提供良好的政策环境和保障。第二，通过税收优惠或研发补贴降低企业的资金压力，促进企业加大对智能化改造和技术创新的投入。围绕市场导向、企业主体、产学研融合打造技术创新系统，打通科技成果从实验室走向市场的"最后一公里"。第三，要把握科技发展趋势，在守住风险底线的基本原则下，各级政府应对数字金融与制造业升级深度融合给予政策支持，鼓励金融机构在传统领域积极创新服务模式、金融产品、金融市场等，支持金融机构突破"数据孤岛"瓶颈，大力促进信息要素有效流动，以提升数字金融服务质量。

本书还可能存在以下不足之处。第一，由于数据获取的限制，本研究的样本时间跨度相对较短，这可能会限制我们对长期趋势的深入理解和把握。同时，考虑到数据的完整性和可比性，研究不得不剔除了港澳台地区和西藏自治区的样本。其中，西藏作为一个具有独特地理和经济特征的地区，其数字金融与制造业升级协同发展情况可能与其他地区存在显著差异。因此，这一剔除可能会对研究结果的全面性和准确性产生一定影响，尤其是在分析空间关联性和格局演变时。第二，数字金融与制造业的发展水平均受到众多复杂因素的影响，包括但不限于政策环境、经济基础、社会文化等。在构建评价模型时，研究虽然参考了已有研究并结合理论实际，尽可能综合地选取了具有代表性的指标，但受限于研究范围和数据可得性，所选指标可能无法完全覆盖所有重要影响因素。因此，测算值与真实的发展水平之间可能会存在一定的偏差或误差。为了进一步提高研究的准确性和可靠性，未来研究可以考虑纳入更多维度的指标和数据，以更全面地反映数字金融与制造业的实际情况。

本书是教育部人文社会科学研究一般项目（23YJA790035）的研究成果，全书由宁波财经学院蒋天颖教授负责出版策划、组织和统撰工作，宁波财经学院张超副教授参与了第5章、第6章的撰写。浙江工业大学傅梦钰博士等参与了文献搜集与数据整理工作，在此表示感谢。同时，感谢宁波财经学院应用经济学省一流学科建设以及宁波财经学院数字经济硕士学位培育点的出版资助。同时还要由衷感谢经济科学出版社编审团队为本书出版所付出的大量心血和努力，他们精心、细致、高效的工作保证了本书的顺利出版。

最后，需要说明的是，尽管本书撰写者对自己负责撰写的内容进行了认真思考和深入研究，但由于目前国内外关于数字金融与制造业升级协同发展的研究方兴未艾，数实融合发展的新理论、新方法以及新实践层出不穷，再加上编写时间仓促，难免存在不足之处，敬请读者批评指正。

目　　录

第 1 章　绪　　论

本书尝试探究数字金融与制造业升级协同发展机制，期望为推进数实深度融合提供理论与经验支撑。本章首先阐述了本书的研究背景、研究目标与价值，其次介绍了研究思路与方法，最后概括了本书的研究内容与创新点。

1.1　研究背景

制造业不仅是国民经济增长的引擎，也是科技进步的重要载体，为上下游产业提供了坚实的支撑。在全球产业链深度调整的背景下，制造业已成为大国竞争的重要领域。中国制造业规模庞大，工业体系完善，是全球制造业的重要组成部分和引领力量。经过几十年的快速发展，中国已建立起涵盖从基础原材料到高端装备制造的完整工业体系，成为全球唯一具备联合国产业分类中所有工业门类的国家。世界银行 2022 年的数据显示，中国制造业的增加值已攀升至 8.4 万亿美元，接近全球份额的 1/3，俨然已成为全球制造业发展的排头兵。

但是，国际贸易环境日益复杂，地缘政治风险增加，全球供应链的不确定性给中国制造业带来了冲击。中国制造业在低端市场的竞争空间被发展中国家的低劳动力成本和发达国家制造业回归的浪潮双向挤压，高端制造市场则面临技术封锁和贸易保护等壁垒，难以进入全球价值链的高端领域。当前，中国制造业的发展模式仍未完全转变，长期依赖高能耗、高污染、高成本的发展模式，导致效率和效益低下，资源和环境的压力日益加剧。此外，尽管中国制造业在某些领域取得了一定的技术进步，但整体创新能力和品牌影响力依然不足，产业升级和转型的步伐相对缓慢；在飞机发动机、手机芯片等核心关键领域仍较为落后，产品和服务的质量也亟待提升。此外，制造业企业普遍面临融资难、成本高的问题，尤其是中小企业在技术研发、人才引进和市场拓展等方面存在明显短板，这加剧了产业发展的困难。与此同时，劳动力成本上升、人口老龄化以及劳动力素质参差不齐的问题，也给制造业带来了沉重负担。企业在应对这些内部和外部挑战的过程中，亟须通过技术创新和管理升级来提升竞争力。然而，传统的管理思维和生产模式难以适应数字化、智能化的变革需求，导致部分企业在新兴技术的应用和转型升级过程中举步维艰。这些因素共同构成了中国制造业当前面临的严峻困境，也使得其在全球竞争中面临更大的挑战和不确定性。

为应对当前的内外部挑战，中国政府已明确将推动中国制造业的转型升级和高质量发展视为核心战略。党的十八大以来，不断强调经济需从高速增长转向高质量增长，致力于提升供给体系质量，建设制造强国，并推动制造业在全球价值链中向中高端攀升。与此同时，我国的"十四五"规划和2035年远景目标纲要也着重指出，实体经济是经济发展的坚实支撑，必须保持制造业比重的稳定，深入推进制造强国战略。这些政策导向和规划目标，共同为中国制造业的未来发展描绘了清晰的蓝图。

习近平总书记在 2019 年主持中共中央政治局第十三次集体学习时指出，金融的核心任务是服务实体经济，满足经济社会的发展需求和人民的生活需求。金融和经济之间存在一种互相依赖、共同繁荣的关系，经济的增长和金融的健康发展是相互支撑的。自改革开放以来，中国金融行业取得了显著的增长，金融体系逐渐发展壮大，资本市场、银行体系和保险市场等各类金融业态蓬勃发展。金融创新不断推进，金融体系的结构逐渐从传统的银行主导型转向多元化发展，金融资源配置效率得到提升。这些变化促进了中国经济的转型升级，推动了技术创新和现代服务业的快速发展。然而，尽管金融行业的繁荣为经济发展提供了强大动力，实体经济在国内生产总值中的比重却逐渐下降。传统的制造业和农业等行业的增速放缓，尤其是重工业和低附加值产业面临产能过剩、环境压力和国际竞争加剧等问题。与此同时，金融行业的快速发展使得资本过度流向了房地产、金融投资等领域，资源配置出现偏差，导致部分实体经济部门的资金流动性不足，特别是中小企业和地方经济在融资方面面临困境。最终，实体经济在 GDP 中的比重下降，表现为传统产业在经济增长中的贡献逐步减弱，而服务业、金融业等领域的比重逐渐上升。这种"脱实向虚"的趋势可能会带来经济结构失衡、就业质量下降等问题，制约经济的长远发展。因此，如何实现金融与实体经济的协同发展，优化金融资源配置，提高实体经济的竞争力和创新能力，已成为当前中国经济转型和高质量发展的关键课题。

近年来，数字金融凭借创新与资源整合能力，极大地推动了金融体系的智能化、透明化及普惠化发展。它在提高金融效率、降低成本、扩大市场与服务范围以及增强监管效能方面发挥了显著作用。相较于传统金融，数字金融深度融入了移动互联网、大数据、云计算、人工智能等前沿技术，不仅大幅降低了金融服务的门槛与交易成本，还极大拓宽了金融服务的覆盖面与深度。通过增强金融服务的适应性、灵活性和精确度，数字金融为制造业的转型升级注入了强劲的新动力。然而，数字金融与制造业转型升级的协同发展情况仍然是一个亟待研究的问题。两者之间的协同发展是否存在空间差异，以及如何在新时代背景下进一步推动这一协同发展，以实现经济的高质量增长，特别是在当前全球经济环境复杂多变的情况下，如何利用数字金融的优势，促进制造业的全面发展，这些都成为我国经济金融发展中的一个重要课题。但数字金融与制造业转型升级之间有何关联以及如何实现两者间的协同发展的研究甚少。基于此背景，本书在对数字金融和制造业转型升级的现状进行总结的基础上，在同一分析框架下厘清数字金融和制造业转型升级的协同发展机制，并系统分析两者间的协同效应，为实现数字金融和制造业转型升级长期协同提供了边际贡献。

1.2　研究目标与价值

1.2.1　研究目标

（1）通过构建数字金融与制造业升级协同发展的理论框架，

研究数字金融与制造业升级的协同发展关系，并进行时空动态分析、趋势预测和影响机制揭示。本研究旨在阐明数字金融与制造业升级协同发展对中国数字经济发展及制造大国战略的重要作用。

（2）基于数字金融相关理论，构建数字金融与制造业升级综合评价理论框架，从全国层面、区域层面和省域层面探究数字金融与制造业升级的空间分异格局；此外，通过双变量 LISA 模型考察数字金融与制造业升级以及子系统的空间相关特征；同时，使用脱钩效应模型以及面板门槛模型实证检验数字金融与制造业升级之间的短期互动关系，以及数字金融与制造业升级及其子系统间非线性交互关系的影响趋势。

（3）依托数字金融与制造业升级协同发展理论模型，系统分析数字金融与制造业升级协同发展整体趋势、空间分异格局以及时空演化路径。

（4）探讨数字金融与制造业升级协同发展度在时空维度上的演变机制，并基于此提出优化策略与政策建议，以促进两者的协同发展。通过使用岭回归、面板分位数回归和空间计量方法，聚焦内部内生力、交互影响力以及外部驱动力等多个视角，揭示数字金融与制造业升级协同发展的驱动机制。

1.2.2 研究价值

本书从协同发展效应的角度出发，构建了数字金融与制造业升级的综合评估模型，为数字金融与制造业升级提供了合理的理论框架。通过运用多种数学模型和空间分析技术，本书验证了数字金融与制造业升级在时空维度上的动态关系，深入探究了两者协同发展度的时空演变规律。这一研究不仅深化了对数字金融与制造业升级互动机制的认识，也为相关政策的制定与实施提供了科学依据，对于推动两者协同发展和优化升级具有重要的实践指导意义。

此外，本书基于数字金融理论、协同发展理论和空间结构理论，创新性地将数字金融与制造业升级相结合，分别探讨了数字金融与制造业升级的发展特点、空间分异格局以及时空演化路径。并在此基础上，本书揭示了数字金融与制造业升级协同发展的多维驱动机制。本书弥补了已有文献在研究视角、内容及方法上的短板，构建了数字金融与制造业升级协同发展的研究框架，为未来数实融合研究提供了可行的技术路径参考。

1.3 研究思路与方法

1.3.1 研究思路

本书在梳理国内外相关研究文献的基础上，结合金融发展理论、产业升级理论和协同发展理论，构建了一个系统化的理论研究框架。

一是基于理论模型搭建和发展水平综合测度，系统地探讨数字金融与制造业升级之间的关系。基于理论模型的构建，围绕数字金融与制造业升级之间的互动关系，本书制定了一个系统化的评价模型框架。在这个框架下，研究综合运用多种数理统计方法，如熵权 TOPSIS 法、Bootstrap—DEA 模型、箱型图及核密度曲线等，测度各省份数字金融发展水平与制造业升级水平。本研究还利用 ArcGIS 空间分析技术,详细探讨了数字金融发展水平与制造业升级水平在不同省域的时空分异特征,提炼了省域尺度下的数字金融和制造业升级的演化类型。这些地理要素与数字金融和制造业升级之间可能存在复杂的交互关系,它们的演化特征为理解数字金融与制造业的协同发展提供了新的视角。通过以上分析,本研究在省域尺度上探讨了数字金融发展与制造业升级之间的关系,并为后续的深入研究奠定了基础。

二是验证数字金融与制造业升级的时空动态关系。研究测算数字金融与制造业升级协同发展度的前提是要确定两者之间存在时空动态关系和互动影响关系。本研究综合应用双变量局部空间自相关(LISA)模型、脱钩效应模型和面板向量自回归模型,从时空关联效应、脱钩效应、动态交互影响效应等不同视角验证数字金融与制造业升级的时空动态关系。

三是通过多尺度、多视角的空间分析,深入探讨数字金融与制造业升级协同发展的空间演化特征,并准确预测其未来发展态势。本研究基于协同发展度模型测算数字金融与制造业升级协同发展指数,并运用 ArcGIS 趋势面分析模块、探索性空间数据分析方法(ESDA),从格局演变和时空动态路径的角度,分析数字金融与制造业升级的时空演化过程。

四是揭示数字金融与制造业升级协同发展度的驱动机理,并提出数字金融与制造业升级融合发展的优化策略。研究变量不仅涵盖了数字金融与制造业升级的内部因素,还考虑了外部环境的驱动因素,为后续的机理分析提供了丰富的数据基础。另外,本研究基于岭回归、面板分位数回归、系统动态面板回归模型

（SGMM）和空间计量模型，分别从内部内生力、交互影响力和外部驱动力视角提炼数字金融与制造业升级协同发展的内外驱动机理，深入探究各因子在数字金融与制造业升级协同发展过程中的影响机制、大小和方向；在系统分析的基础上，结合一系列实证研究结论，以及数字金融与制造业升级的实际发展情况，提出了促进二者耦合协同发展的优化路径和政策建议。这些结论和建议为推动数字金融与制造业升级的深度融合、提升区域竞争力提供了理论依据和实践指导。

1.3.2　研究方法

（1）文献梳理和理论分析法。通过对既有文献的系统梳理与深入分析，本书在综合评估前人研究成果的基础上，界定了数字金融和制造业升级相互关系的研究边界与现状。随后，整合金融相关理论、产业升级理论、协同发展理论，深入剖析了数字金融与制造业升级协同发展的时空演化特性。此过程紧密结合经济学和地理学普遍适用的研究框架，旨在拓宽并深化数字金融和制造业升级协同发展领域的理论研究与实践应用。

（2）数理统计和 ArcGIS 空间分析法。在方法论上，本书融合了数理统计与 ArcGIS 空间分析技术，通过双变量 LISA 模型、脱钩效应模型及面板向量自回归模型的集成运用，精确验证了数字金融和制造业升级之间复杂多变的时空动态关联。从"数实融合"的战略高度出发，借助 ArcGIS 平台的强大功能，包括趋势面分析、标准差椭圆、LISA 时间路径和时空跃迁等空间分析工具，本书对数字金融和制造业升级协同发展的整体特性、空间相关性，以及时空演化过程作了详尽的空间可视化呈现。这一过程不仅直观揭示了数字金融和制造业升级协同发展中的空间差异与格局变迁，还从地理学的时空异质性视角深入探索了数字金融和制造业升级协同发展度时空演变的一般性规律，为数字金融和制造业升级融合发展策略的制定提供了科学依据。

（3）数学建模和空间计量经济方法。通过运用数学建模技术，特别是岭回归分析和分位数回归方法，本书系统地剖析了数字金融与制造业升级时空变化的内在作用机制，揭示了不同影响因子对协同发展度变化的贡献程度。进一步地，为探索数字金融与制造业升级时空演变的复杂交互作用，本书采用了系统动态面板回归模型（SGMM），该模型能够有效处理面板数据中的内生性问题，从而更准确地揭示变量间的动态关系。此外，为了考量外部因素对数字金融与制造业升级协同发展度时空演变的影响，本书还引入了空间面板计量经济模型，该模型充分考虑了空间依赖性和空间异质性，使得对外部驱动机理的探讨更加深入和全面。

1.4 研究内容与创新点

1.4.1 研究内容

依据各章节前后的逻辑衔接关系、本书研究目的和研究思路，本书共分为 8 章。各章节具体研究内容如下。

第 1 章绪论。绪论中首先阐述了本书的研究背景，接着从研究目标与价值、研究思路与方法、研究内容和创新点等三个方面概括了本书的主要逻辑思路和研究内容。

第 2 章文献评述。本章首先整理有关数字金融、制造业升级和协同发展相关的概念界定、测度，以及数字金融与制造业升级的互动关系研究进展，总结国内外相关研究进展。其次，总结、梳理、归纳与数字金融、产业升级和协同发展相关的理论基础。最后，基于协同发展模型，构建数字金融与制造业升级协同发展理论研究框架。

第 3 章数字金融与制造业升级协同发展机制的理论建构。本章首先基于协同论视角，深入分析数字金融与制造业升级间的关联，认为两者之间是相互作用的。其次，阐述数字金融与制造业升级间的协同发展机理，并提出地区间协调水平差异的假设，为后文的协同发展分析奠定基础。

第 4 章数字金融与制造业升级综合测度与空间特征分析。本章基于对中国各区域制造业高端化发展情况的全面把握和以往制造业升级相关研究的经验判断，从制造业结构、制造业规模、制造业效益、制造业创新、制造业价值五个角度构建制造业升级综合测度体系；并借助熵权 TOPSIS 评价法和修正 DEA 模型，综合测算数字金融水平与制造业升级水平，实证分析数字金融与制造业升级的空间分异特征。

第 5 章数字金融与制造业升级协同关系验证。本章首先采用双变量 LISA 模型从宏观视角把握数字金融与制造业升级之间的总体关联趋势，并进一步细化至微观层面，探究其局部空间内的关联特征。其次，研究引入脱钩效应模型实时捕捉数字金融与制造业升级之间的短期互动关系，并揭示数字金融对制造业升级产生的即时联动效应或多米诺骨牌式的连锁反应。最后，本章采用面板门槛模型，进一步探讨数字金融与制造业升级及其子系统间非线性交互关系的影响趋势。

第6章数字金融与制造业升级协同发展测度及演化特征。"时空演变"分析是理解地理要素在时间与空间维度上动态变化情况的关键工具。本章重点探究数字金融与制造业升级协同发展度的时空演化特征；主要采用探索性空间数据分析（ESDA）和LISA时间路径和时空跃迁分析方法（ESTDA）分析数字金融与制造业升级协同发展度的空间关联性和时空变化。

第7章数字金融与制造业升级协同发展机制检验。本章综合运用多种统计分析方法，包括岭回归分析方法、面板分位数回归模型、系统动态面板回归模型（SGMM）以及面板Tobit模型，从内部内生力、交互影响力和外部驱动力三个不同视角出发，全面剖析数字金融与制造业升级之间相互作用、相互影响的复杂关系。

第8章结论与建议。本章旨在汇总本书的研究成果，通过对研究过程的总结和提炼，系统总结本书的研究结论；并在研究结论的基础上，提出推进数字金融与制造业协同发展的若干政策建议。

1.4.2　研究创新点

本书的创新之处可能在于：

第一，在研究对象的选择上，本书突破了现有文献大多单独聚焦于数字金融或制造业升级的研究范式，而是将这两者紧密联系起来，深入探讨了它们的协同发展机制。这一创新点不仅拓宽了研究视野，也为理解数字金融与制造业升级之间的相互作用提供了新的视角，有助于揭示两者在经济发展中的协同效应。

第二，在研究方法上，本书不仅延续了现有文献对金融业与制造业升级融合发展水平进行测度和演进趋势分析的传统，更在此基础上进一步深入，对数字金融与制造业升级协同发展的影响因素进行了全面的分析。这一创新点不仅深化了我们对两者协同发展内在机制的理解，也为制定相关政策提供了更为科学的依据。

第三，在时空分析方面，本书采用了双变量 LISA 模型、脱钩效应模型对数字金融与制造业升级的协同发展进行了时空演化分析，这一方法不仅能够捕捉两者协同发展的时序变化，还能够揭示其空间维度的特征和规律。这为理解数字金融与制造业升级协同发展的时空演变提供了更为全面的视角，有助于我们更准确地把握两者协同发展的动态过程。

第 2 章　文献综述

基于前文关于研究问题的介绍，接下来将围绕该主题进行相关文献回顾与评述。本章在界定数字金融、制造业升级、协同等概念基础上，先介绍相关理论基础，最后对数字金融与制造业升级关系的既有研究进行梳理和评述。

2.1　相关概念界定

2.1.1　数字金融内涵界定

作为近年来经济金融领域的研究热点，学者们从不同视角定义了数字金融。从金融属性来看，尽管数字金融借助数字技术实现了新的形式和方式，但它的核心特征并没有因为数字技术的应用而发生改变，数字金融依然被归为金融领域（张勋等，2019）。从技术属性来看，大数据技术、人工智能、区块链技术、云计算、物联网、5G 技术、生物识别技术和数字货币技术，这些技术共同促进了金融服务的精准化、安全化、创新化和高效化，推动了金融行业的数字化转型（李春涛等，2020）。从数字金融的业务来看，数字金融的业务范围广泛，涵盖了数字支付、互联网银行、数字贷款、数字货币、财富管理与投资、数字保险等多种服务（黄益平和陶坤玉，2019）。数字金融与传统金融的主要区别在于其依托于现代信息技术，如大数据、人工智能、区块链等，通过互联网平台实现在线、自动化的金融服务（黄益平和黄卓，2018）。与传统金融依赖实体网点和人工操作不同，数字金融能够通过移动设备和云计算等技术打破时空限制，提供更为高效、便捷和个性化的金融产品和服务。此外，数字金融降低了金融服务的门槛和交易成本，使更多的个人和企业能够获得金融服务，从而促进了普惠金融的快速形成（Fuster et al.，2019）。

谢平和邹传伟（2012）首次提出互联网金融概念，将其定义为一个广义的谱系概念。在这个定义中，互联网金融涵盖了所有金融交易和组织形式。金融科技是指利用现代技术创新和改进传统金融服务的一种行业形态。黄益平和黄卓（2018）首次提出了数字金融的概念，将其定义为传统金融机构与互联网公司利用数字技术实现融资、支付、投资以及其他新型金融业务的模式。综上所述，尽管互联网金融、金融科技和数字金融的概念及其涵盖的内容非常相似，但它们之间存在一些细微的差别。互联网金融强调的是通过互联网平台提供金融服务，主要关注线上交易和服务的便捷性，重点解决的是金融服务的普及和渠道拓展。金融科技则是一个更广泛的概念，涉及金融与技术的深度融合。而数字金融的概念更侧重于利用数字技术推动整个金融体系的数字化转型（侯层和李北伟，2020；尹振涛等，2021；刘孟飞和王琦，2021）。

本书认为数字金融是传统金融机构利用新一代信息技术展开投融资、支付以及其他新型金融业务的模式。

2.1.2　制造业升级内涵界定

尽管学界关于制造业升级的概念尚未达成共识，但部分文献认为其内涵可从宏观和中观两个层面进行探讨。在宏观层面，制造业升级指的是国家或地区层面上，制造业通过技术创新、产业结构调整、资源配置优化等方式，提高整体生产力、竞争力和可持续发展能力的过程。这通常涉及产业向更高附加值、更高技术含量的方向发展，推动经济结构的优化升级，并在全球产业链中占据更高的位置。在中观层面，制造业升级指的是特定行业、企业或区域内的制造业通过技术革新、产品结构调整、管理优化、生产工艺改进等方式，提升其生产效率、产品质量和市场竞争力的过程。这种升级通常包括向高附加值、高技术含量的产品或服务转型，以适应市场需求变化和技术进步，进而提高行业或企业的整体竞争力和盈利能力。在这个过程中，制造业通过提升技术创新和加工制造等方面的能力，实现了从传统的劳动密集型生产模式向更为现代化和高效率的生产模式转变。普恩（Poon，2004）基于价值链升级的视角认为，转型升级并不仅仅是产品结构或生产方式的变化，而且是价值链中产品地位的提升。在这个过程中，劳动密集型产品从价值链的低端逐渐向资本或技术密集型产品的高端转变，产品的附加值逐渐增加，利润空间也会不断扩大。这种转变不仅使企业获得更高的利润，还推动了整个产业的升级，提高了整体竞争力。因此，制造业转型升级实际上是一个促使企业朝着价值链的高端发展的过程。

2.1.3　协同的概念界定

哈肯提出的协同效应是一种能够通过各部分的互动提高系统整体功能的现象，这一现象不仅适用于自然界，还可被广泛应用于社会、经济、技术等领域。协同理论强调系统内部的各个组成部分并不是孤立运作的，而是相互依存、相互作用，形成一个动态的、不断变化的整体。因此，协同不仅仅是简单的合力，还是系统内部各要素间复杂的互动关系，它能够推动系统从低效的状态向更高效、更复杂的有序状态发展，为各领域的理论研究和实际应用提供了有力的工具和框架。

白列湖（2007）认为就所有复杂系统而言，当系统遇到外部因素的干扰抑或是其内部物质的集聚达到某个临界点时，子系统之间会出现协同效应。吉多（Guido，2011）发现，在团队管理过程中协同作用促使团队成员之间形成默契与合力，进而推动团队的总体功能实现充分释放。弗兰克（Frank，2013）研究得出，供应链协同水平越高的企业，其绩效表现也越好。胡育波（2007）提出协同作用在管理学中也有应用，企业内部各部分的联合作用远超其单独运作时的总和。李辉和张旭明（2006）认为，区域的协同发展是通过区域内主体间的紧密合作，以及政治、经济、技术等多领域的深度融合与高效流动所形成的协同效应来驱动完成的。这种协同效应促进了区域内部资源的优化配置和高效利用，增强了区域的整体竞争力和可持续发展能力。

2.2　相关理论基础

2.2.1　数字金融的相关理论

1. 信息生产力理论

信息生产力理论专注于探讨信息技术如何对生产力产生深远影响及提升作用。与传统的工业生产力相比，信息生产力不再过度依赖物质资源和能量资源的开发与利用，而是侧重于信息的创造与处理（孙海芳，2007）。在信息生产力理论中，劳动资料不再局限于传统的物质形态，而是扩展到了包括信息网络系统在内的自动化、智能化的机器体系。这些现代劳动工具能够高效地处理、传输和存储信息，提升生产效率和灵活性（陈小磊，2020）。信息技术的广泛应用使得生产流程得以优化，减少了不必要的环节与浪费，能够显著提高生产效率。通过自动化、智能化的生产系统，企业能够更精确地控制生产过程，确保产品质量的同时，大幅度提升产出效率。从微观角度看，信息技术能够助力组织优化生产流程，使得生产环节更加高效、流畅。同时，信息技术的运用还能有效减少生产和运营成本，包括原材料采购、库存管理、能源消耗等方面的费用，增强了组织的盈利能力。从组织变革的角度看，一个开放、包容、创新的文化环境能够强化职员的主动性与创新性，从而推动信息技术的有效应用与持续创新。

2. 长尾理论

长尾理论向人们展示了数字时代"长尾"尾部市场中也存在着丰富的商机，可以通过个性化、多样化的产品和服务满足更广泛的消费者需求，从而实现长期收益的增长。安德森（Anderson）在"长尾理论"里指出利基产品是导致长尾市场的关键产品。利基产品的特点是种类多样、特色鲜明，但由于销售量较低，通常得不到大规模的市场推广和宣传。因此，在传统的零售渠道中，这些产品往往被忽视，市场需求也未能得到充分满足。然而，随着互联网的发展和数字化技术的普及，消费者可以通过在线平台轻松找到并购买各种利基产品，满足他们多样化的需求。整个制造业行业的升级是一个包括国有大型制造业企业、中小微企业在内的各个企业共同努力推动的过程，各个企业产品和技术升级最终推动整个制造业行业的升级。中小微企业是金融需求的"长尾"群体，传统金融机构主要服务于国有大型企业，这导致大企业在融资方面享有明显的优势，而中小微企业则面临着融资渠道有限和融资成本高的问题。中小微企业的技术革新需要资金支持，而融资约束则严重限制了它们的升级和发展。因此，解决中小微企业的融资问题对于推动制造业的升级至关重要。通过数字金融平台，可以更广泛地覆盖中小微企业这个"长尾"群体，为其提供更多样化、灵活化的金融服务。同时，数字金融平台还可以通过大数据和人工智能等技术手段，对中小微企业进行更精准的信用评估，降低融资风险，提高融资效率。因此，充分利用"长尾效应"，推动数字金融与中小微企业的深度融合，将为制造业的升级提供有力支持。

2.2.2 制造业升级的相关理论

1. 产业结构理论

在经济领域，产业结构这个概念最早出现在 20 世纪 40 年代。产业结构理论对于国民经济的认识属于结构论，即在某一个阶段，产业间发展存在一定的结构不平衡，有部分产业会起主导作用。这种"结构"效益是狭义的产业结构理论所强调的核心内容。其次，产业结构理论侧重于产业投入与产出之间的效率分析，过于关注传统经济学理论中的生产效率部分。广义的产业结构理论包括了狭义的产业结构理论和产业关联理论。这些理论为我们提供了理解和改善经济产业结构的基本框架，从而有助于我们更好地理解和规划经济发展。英国经济学家克拉克在总结吸收前人的研究成果的基础上，对多个国家和地区的产业结构、产业人口和产业变化趋势进行了研究，认为产业结构的变迁都遵循一个相对稳定的路径和规律，即产业人口主要从第一产业向第二产业再向第三产业转移。库兹涅茨在 1941 年也指出，一个国家的经济发展过程中，第一产业的人口会不断下降，第二产业和第三产业的劳动力占比总体呈现上升趋势。同时，国内生产总值的结构也会发生变化，个人消费和政府消费的比重此消彼长。美国哈佛大学教授钱纳里于 1986 年提出了"发展型式"理论，认为工业化是整个经济系统的一个特征。结合上述理论可知，产业结构演变不仅是劳动、资本等传统要素密集型向技术、知识、数据和信息等要素密集型转变的过程，而且还是产业结构高加工度化和高附加值化的变动趋势。从产业结构理论角度看，制造业的数字化转型将促使制造业产业向高端制造发展。制造业经过数字化的生产改造和管理改造，不再是传统的生产制造，而是促进了制造业向服务业的延伸。

2. 产业融合理论

产业融合是指原本在时间和空间上处于不同维度的产业，通过逐步地相互渗透与包容性发展，形成的一种新型模式。这种发展模式通常以业务核心为指引，以贴合市场与经济环境的变化为导向，阶段性地展现出融合特性。技术创新改变了产业间的传统界限，还推动了新的产业形态和经济增长点的出现（Rosenberg，1963）。

随着网络技术和信息技术的不断进步，数字技术逐渐成为推动相关产业融合的重要力量（Negrouponte，1978）。植草益（2001）提出，信息技术不仅在与其他产业的融合中展现了强大优势，而且在与制造业的融合方面也展现出巨大的发展空间和潜力。近年来，数字技术变革速度远远超越了政府常规管理和政策调整所能迅速适应的范畴。这一快速发展不仅推动了数字与信息技术自身的飞跃，还促使这些技术在电信、广播、传媒等多个关键领域实现了快速且广泛的应用。与此同时，政府层面也逐步进入了一个旨在鼓励创新发展、实施更为宽松管制政策的阶段，以适应并促进这一技术浪潮所带来的深刻变革。技术进步与管制环境的相对放宽共同成为了推动产业融合的重要力量。制造业与金融业的融合过程中，金融机构通过数字技术为制造企业提供增值服务、定制化解决方案等服务。此外，大数据技术的应用使得企业能够更精准地捕捉市场需求变化，优化资源配置，提升决策效率；而人工智能技术的融入，则进一步推动了生产过程的智能化、自动化，显著提升了效率和质量。这些数字技术的深度融合，不仅重塑了传统产业的运作模式，还催生了大量新兴产业和商业模式，为产业融合发展提供了强大的驱动力。

2.2.3　协同发展理论

1. 系统耦合理论

系统耦合理论是一种研究多个相互关联系统或子系统之间相互作用与协调的理论框架，强调不同系统或部分之间的相互依赖性和共同演化。根据这一理论，系统间的耦合关系不仅仅是各部分的简单相加，而是通过非线性、动态的相互作用产生协同效应或竞争效应，推动整体系统的变化与发展。系统耦合理论常用于分析复杂系统的行为，如经济、生态、社会等领域，探索系统各部分如何通过相互联系影响整体功能和优化过程。基于系统耦合理论，本书将研究对象视为数字金融与制造业升级两个相互独立但又紧密联系的系统之间的耦合。数字金融和制造业升级虽然在功能和目标上各自有独立性，但在实际发展过程中，二者通过信息流、资金流、技术流等多种途径相互作用，形成了一个高度互依、互促的系统。在这一耦合关系中，数字金融作为推动现代金融服务和创新的重要力量，能够为制造业的转型和升级提供资金支持、信息服务和技术保障；而制造业升级则为数字金融的发展提供了市场需求、创新应用和实践场景。因此，研究数字金融与制造业升级的系统耦合，有助于揭示二者在互动过程中所产生的协同效应与反馈机制，为推动两者的共同发展提供理论依据和实践指导。

2. 协同理论

协同理论是一种研究系统内部各个子系统之间相互作用和协同效应的理论框架，强调通过非线性的相互作用，系统中的各个部分可以协同合作，产生超出个别部分作用的整体效能，从而使系统表现出比单独作用时更高的组织程度和效率。该理论源于对复杂系统的观察，认为系统不仅仅是各部分的简单集合，而且是由各个部分之间的互动关系所决定的。协同效应产生的关键在于这些子系统之间的相互联系与合作，这些联系能够在整体层面上产生一种超越部分效能的合力，进而使系统能够在更高的层次上运行和发展。协同理论的核心观点是，系统的整体行为不仅仅是各部分行为的简单叠加，而且是各个部分通过相互作用形成的整体效应，这种效应往往是动态的、非线性的，且具有较强的适应性和演化能力。因此，协同理论为理解复杂系统的动态演化提供了一个框架，能够帮助揭示如何通过协调各部分之间的关系，提高系统整体的效率、稳定性与创新能力。

2.3　数字金融与制造业升级关系相关文献综述

2.3.1　数字金融的相关研究

1. 数字金融发展水平测度

已有文献中常用以下三种方法衡量数字金融发展水平：

第一种是使用中国家庭金融追踪调查（CHFS）数据。尹志超和张号栋（2018）指出，这种通过调查问卷中涉及的网络购物支付手段以及渠道等选择情况来表征数字金融水平的方法，对于家庭研究很有用，但对于其他领域可能并不适用。

第二种是北京大学数字普惠金融指数。该指数通过分析和挖掘蚂蚁集团的交易数据，得到有关数字金融领域的信息，编制出相关的指数，用于评估和分析数字金融市场的发展趋势和特征。这些指数各自从不同的维度出发，覆盖广度指数能够展现数字金融服务在区域内所涉及的范围大小，使用深度指数则可以深刻地反映出用户对于数字金融产品和服务的运用程度，而数字化程度指数能够很好地衡量该区域数字金融业务在技术层面的先进水平和应用深度。

第三种是信息索引法。该方法运用先进的网络爬虫技术，自动化地搜集和分析互联网上的大量新闻文章，特别关注其中与金融科技相关的关键词频率，如区块链、人工智能、大数据、云计算等。通过对这些关键词出现的频次进行统计和分析，信息索引法能够捕捉到金融科技在不同时间段内的发展趋势和热点变化，从而形成一个综合性的金融科技发展指数或索引。这个指数不仅反映了金融科技的整体活跃度，还能够帮助决策者、投资者和研究人员更好地理解金融科技行业的动态和趋势。

2. 数字金融的技术经济特征

数字金融的核心在于数字技术和数据要素，其中数据要素已成为数字金融时代的关键生产要素，被誉为驱动经济发展的"新石油"。随着技术进步和政策支持，数据要素的地位逐渐提升。在农业经济时代，土地和劳动力是关键要素；在工业经济时代，资本和技术占据主导；而在数字金融时代，数据要素的重要性日益凸显。2020年，中国将数据要素正式纳入生产要素范畴；据估算，中国数据要素规模庞大，且增长迅速，未来有望成为全球最大数据圈。此外，中央全面深化改革委员会第二十六次会议强调了数据要素在转变经济增长方式、提升国家实力和国际竞争力中的关键作用。数据要素广义上指分析、决策信息和事实，狭义上指二进制编码信息。与传统生产要素相比，数据要素具有非竞争性、低成本复制性、正外部性、即时性和虚拟性等独特特征。

（1）非竞争性。在数字金融领域，数据资源可以被多个用户或机构同时访问和使用，而不会像传统资源那样因为使用而减少或消耗。例如，一份市场研究报告可以被多个金融机构同时阅读和分析，而不会导致报告内容的减少或质量的下降。此外，数字金融系统能够处理大量的并发请求，使得多个用户可以同时进行交易、查询或其他金融活动，而不会相互干扰或降低效率。数字金融的非竞争性还体现在其成本效益上。由于数据的低成本复制性和易于传播的特点，金融机构可以以较低的成本提供广泛的服务，而不会像传统金融那样受到物理网点、人力成本等因素的限制（Jones & Tonetti, 2020）。

（2）低成本复制性。在数字金融领域，数据可以以极低的成本进行复制和存储。这得益于现代信息技术的飞速发展，特别是存储技术和网络技术的不断进步。与传统金融相比，数字金融不再需要大量的纸质文件、物理存储设备等高成本的基础设施。相反，数据可以轻松地通过电子方式进行复制和传输，从而大大降低了复制成本。此外，通过互联网技术，金融机构可以轻松地将其服务扩展到全国甚至全球范围，而无须在每个地区都设立实体分支机构。这种低成本复制性使得金融机构能够以更低的成本提供更广泛的服务，从而提高了金融服务的可获得性和普及率（Gary et al.，1998）。

（3）正外部性。数字金融的正外部性主要体现在其对经济增长的积极作用上。具体而言，数字金融的发展不仅促进了金融业的创新和服务升级，还带动了其他产业的协同发展。例如，数字金融通过降低交易成本、提高服务效率，为小微企业提供了更为便捷和高效的融资渠道，有助于缓解小微企业融资难、融资贵的问题。同时，数字金融的发展还推动了电子商务、智慧城市等领域的快速发展。此外，数字金融还具有信息反馈的正外部性，如互联网金融平台可以及时为小微企业提供市场信息，助力其更好地进行市场定位和产品调整（蔡跃洲，2021）。

（4）即时性。数字金融的即时性主要体现在其服务的快速响应和实时处理上。由于数字金融依托先进的技术手段，如云计算、大数据等，可以实现信息的实时传输和处理，从而为用户提供即时、便捷的金融服务。例如，用户可以通过手机银行、移动支付等数字金融工具随时随地完成转账、支付、理财等操作，无须等待银行网点的营业时间或排队等待。这种即时性特征大大提高了金融服务的效率和用户的满意度（Jones & Tonetti，2020）。

（5）虚拟性。数字金融的虚拟性主要体现在其服务方式和载体的虚拟化上。与传统的金融服务相比，数字金融不再依赖于物理网点和纸质文件，而是通过网络平台、电子设备等虚拟渠道进行服务的提供和交易的执行。这种虚拟化特征使得数字金融能够突破时间和空间的限制，为用户提供更为灵活和便捷的金融服务。

例如，用户可以通过互联网银行进行账户管理、转账汇款等，无须亲自前往银行网点；同时，数字货币等新型金融产品的出现也进一步推动了金融服务的虚拟化进程（Mueller & Grindal，2019）。

3. 数字金融的影响研究

数字金融是当前学术界研究的热点之一，大量文献探讨了数字金融的影响。现有研究多集中于研究数字金融对经济、减贫以及环境保护等方面的影响。

（1）经济效应。姚凤阁等（2022）研究发现，数字金融的发展不仅带来了本地经济的增长，也可能导致地区间发展不平衡的现象。一方面，通过数字金融技术的应用，例如电子支付、互联网金融等，可以提高金融服务的效率和普及度，促进资金流动和投资活动，从而推动本地企业的发展，促进经济的繁荣。另一方面，由于数字金融技术的应用在不同地区之间存在差异，一些地区能更快地采纳和应用数字金融技术，获得更多的经济增长机会，而其他地区则因为技术能力、基础设施等方面的限制而无法充分享受数字金融带来的红利。李彦龙和沈艳（2022）研究发现，数字金融技术的应用可以激发创新活力，促进传统产业向数字化、智能化转型，提升产业的竞争力和效率。这种转型升级不仅有助于推动经济增长，也能够促进地区间经济发展的均衡。战文清和刘尧成（2022）通过理论和模型实证检验发现，数字金融对经济波动具有负向影响，并认为，数字金融具有经济稳定器的作用，即在经济波动期间能够起到稳定经济的作用。此外，数字金融的稳定器作用不仅局限于特定地区，还具有空间溢出效应，即其稳定作用可以扩散到其他地区。这是因为数字金融是基于数字技术的金融服务，其边际成本较低，更容易打破地理限制，使得金融服务可以更快地传递和扩散到其他地区，从而在全球范围内发挥稳定经济的作用。张勋等（2019）研究发现，数字金融的普及和应用可以为农村地区提供更多的创业机会，使得更多处于弱势群体的家庭能够参与到经济活动中来，从而实现经济增长的包容性。

（2）减贫效应。传统金融中的歧视性做法，例如对特定群体或地区的金融服务限制，导致了社会中的贫富差距变大。数字金融的普及和应用能够突破传统金融的地理和社会限制，使更多的人能够获得金融服务，缩小传统金融发展中的不公平差距（Mushtaq & Bruneau，2019）。罗鹏等（2022）研究发现，数字金融在农村地区的发展可以帮助改善资本分配不均衡的问题，进而促进城乡经济的均衡发展。韩英荻等（2022）认为，数字金融技术的应用有望为农村贫困地区提供更多的发展机遇，进而推动农村经济的发展和贫困问题的缓解。薛凯芸等（2022）利用黄河流域中上游地区的农户数据发现，数字金融技术的应用可以为农村地区的弱势群体提供更多的金融服务和支持，增加其收入来源。周广肃和丁相元（2023）研究发现，数字金融在促进就业、服务经济社会稳定和实现共同富裕方面提供了有力支持。杨明婉等（2023）提出，数字金融能够提供更便捷、更灵活的金融服务，使得原本资源匮乏的农户也能够获得金融支持，从而提高了他们的经济水平和生活质量。数字金融在这种情况下起到了"雪中送炭"的作用，即在困难时刻为贫困地区提供及时的帮助和支持，有助于缓解相对贫困的问题，推动贫困地区的经济发展和社会进步。叶文辉和龚灵枝（2023）研究发现，由于数字鸿沟的存在，数字金融的发展并不能完全解决贫困问题，反而可能产生一种门槛效应。具体来说，随着数字金融发展水平的提高，处于贫困线以下的居民面临更高的失业风险，可能会导致他们陷入更深的贫困状态。

（3）环保效应。数字金融在推动经济向环境友好和资源节约的方式发展方面具有重要作用，可以通过自上而下的方式，推动经济以绿色发展的方式前进，实现可持续发展的目标。顾海峰和高水文（2022）研究发现，金融技术的应用可以为企业提供更多的融资渠道和金融服务，降低了企业进行绿色创新的成本和风险。通过数字金融的支持，企业更容易获得资金支持，开展环保技术研发和投资，推动企业向绿色、低碳发展方向转型。余进韬等（2022）提出，数字金融可以通过提高资源配置效率，实现对生产要素的优化配置，引导和支持绿色增长和可持续发展。刘敏楼等（2022）研究发现，数字金融可以简化金融交易流程，降低交易成本，使得更多的资金可以用于支持绿色发展项目。毛晓蒙和王仁曾（2023）研究发现，数字金融的发展为公众参与环保活动，例如通过手机应用或者网络平台捐款支持环保项目、参与环保志愿者活动、购买环保产品等，提供了更广泛的渠道。冯素玲等（2023）指出，蚂蚁金服、京东金融等数字金融平台推出的环保项目，通过强化人们的环保理念和积极性，驱动了人们消费结构的低碳转型升级。

2.3.2 制造业升级的相关研究

1. 制造业升级水平测度

现有研究在探讨制造业升级情况时，采取了多角度、多层次的分析方法，主要从宏观层面与微观层面对制造业升级情况进行了深入探讨。

（1）宏观层面的制造业升级度量。第一，出口技术复杂度。较高技术复杂度的产品通常具有更高的附加值和竞争力，因此其出口可能意味着制造业结构的升级和提升。这种度量方法可以通过分析出口产品的技术含量、附加值、创新程度等指标来评估制造业的升级情况。第二，制造业产值结构变化。随着制造业的发展，劳动密集型产业的比重会逐渐下降，而资本密集型和技术密集型产业的比重则可能会上升。这种变化反映了制造业结构的升级和转型，即从依赖劳动密集型产业向依赖技术和资本密集型产业的方向转变。第三，高端技术产业产值占比。这个指标衡量了高端技术产业在制造业总产值中的比重。较高的比值表示高端技术产业在制造业中的重要性更大，表明该地区或行业的产业结构较为先进和高端化。陈璇和钱薇雯（2020）以高技术产业增加值与制造业总产值之比作为产业升级的代理变量。第四，产业结构高度化指标。这个指标通常采用高端技术产业工业总产值占中端技术产业工业总产值的比重来度量。较高的比重表示高端技术产业在制造业中的比重较大，表明产业结构更加高度化和先进化。傅元海等（2014）将这个比重作为制造业产业升级测度的指标之一，通过分析这个比重的变化，可以评估制造业的产业结构升级和技术含量的提升情况。

（2）微观层面的制造业升级度量。第一，经济增加值。经济增加值直接反映了企业在生产过程中创造的附加价值，包括原材料加工、生产环节中的价值增加以及其他相关活动带来的附加价值。制造业升级通常意味着生产过程的改进和效率提升，这些改进往往会导致经济增加值的增加。经济增加值也可以用来评估企业内部管理效率的提升情况（马永斌和闫佳，2019）。制造业升级常常伴随着管理模式的创新和提升，这些改进会直接影响到生产过程中附加值的创造和分配。因此，经济增加值可以作为一个重要的指标，用于在微观企业层面测度制造业的升级情况，帮助企业了解自身的经营状况和竞争优势，以及制定相应的发展战略。第二，专利申请量、发明专利申请量和企业劳动生产率。专利申请量特别是发明专利申请量反映了一个单位在某一技术领域的核心竞争力，而核心竞争力的提升是推动企业转型升级的关键因素（余泳泽等，2020）。因此，现有文献多用专利申请量和发明专利申请量来衡量企业的转型升级。企业劳动生产率直接反映了单位劳动力投入所创造的产出水平。制造业升级通常会伴随着生产工艺的改进、技术水平的提高等，这些改进可以提高单位劳动力的产出水平，从而提高劳动生产率。因此，现有学者也采用企业劳动生产率来衡量企业的技术升级效应。第三，全要素生产率（TFP）。全要素生产率是一个综合性指标，其考虑企业内部的资本、劳动和其他生产要素的综合利用效率，以及技术进步对产出的影响。通过比较不同企业的 TFP 水平，可以评估它们的竞争力（王桂军和卢潇潇，2019）。制造业升级可能导致一些企业的 TFP 增长速度快于其他企业，这表明这些企业在升级过程中表现更为优异。因此，通过观察全要素生产率的变化，可以评估企业在技术和创新方面是否取得了进步或存在竞争优势。第四，研发支出和资本劳动比变动指标。制造业升级通常伴随着技术创新和研发活动的增加。企业增加对研发的投入可以促进新技术的引入和创新，从而提高产品质量、降低生产成本，并推动产业的升级。制造业升级可能导致资本劳动比的变化，即单位生产所需的资本和劳动投入比例发生变化。这种变化可能是由于生产工艺的改进、自动化程度的提高等因素造成的。资本劳动比的增加通常反映了生产效率的提高和技术水平的改善。

2. 制造业升级模式研究

本书根据现有文献整理了中国制造业升级的几种重要模式。

（1）技术升级模式。技术升级模式是指企业借助新技术、新工艺、新设备等渠道，提高生产效率、产品质量和企业竞争力的模式。这种模式旨在利用先进的科学技术手段，推动企业生产方式和管理模式的转型，实现生产力的持续提升。当前，技术升级模式在不同行业和领域都有广泛的应用，对企业的发展和提升具有重要意义。在汽车领域，许多汽车制造企业采用了自动化生产线和智能制造技术，如工业机器人和自动化装配系统，以提高生产效率和产品质量。例如，特斯拉公司引入了大量的自动化生产设备，实现了高度自动化的汽车生产线。在电子领域，电子制造企业不断引入新的生产设备和工艺，以应对市场需求的变化。例如，手机制造企业采用先进的半导体工艺和高密度电子元件，提高了手机的性能和功能。在航空航天领域，航空航天制造企业不断推进先进材料和工艺的应用，以提高飞机和航天器的性能和安全性。研究发现，技术升级的成功与否受到多种因素的影响，包括市场需求、技术创新能力、政府政策支持等。一些文献探讨了不同行业和企业在技术升级过程中采取的不同路径和策略，如技术自主创新、技术引进与消化吸收、技术联合攻关等。对于企业绩效而言，技术升级可以显著提高企业的生产效率、产品质量和市场竞争力，从而实现企业绩效的持续增长。大量文献指出，技术升级对企业绩效的影响可能存在阶段性差异，初期的技术投入可能导致短期成本增加，但随着技术的应用和积累，长期绩效会得到显著改善。对于产业转型，研究表明，技术升级是推动产业发展和升级的重要动力之一。通过引入新技术、改进工艺和设备，可以提高整个产业的技术水平和竞争力，促进产业结构的优化和升级。一些文献指出，技术升级可以带动相关产业链的协同发展，形成技术创新和信息共享的合作网络，从而推动整个产业的快速发展。

（2）产品升级模式。产品升级模式是指企业通过对现有产品进行改进、更新或升级，以提高产品的附加值、性能、功能或品质，从而适应市场需求的变化并保持竞争力的一种模式。这种模式的核心在于不断地对产品进行改良和创新，以满足消费者不断变化的需求，提高产品的市场竞争力和持续销售能力。产品升级模式在企业发展中具有重要作用，可以帮助企业适应市场变化、提高产品竞争力、延长产品生命周期、强化品牌形象，并推动企业创新和持续发展。一些研究聚焦于市场需求和消费者反馈，探讨如何通过产品升级来满足市场的需求变化。这些研究强调了消费者需求的重要性，指出成功的产品升级应当紧密关注市场趋势和消费者偏好。另一些研究则侧重于技术创新和研发投入，探讨如何通过技术驱动来实现产品升级。这些研究强调了技术创新的重要性，指出企业应当不断投入研发，引入先进技术和工艺，以提高产品的性能和竞争力。有研究从产品生命周期管理的角度出发，探讨如何通过产品升级来延长产品的生命周期。这些研究指出，企业应当及时对产品进行改进和创新，以应对市场竞争和产品更新换代的挑战，实现产品的长期持续销售。一些研究关注产品升级对企业品牌和市场地位的影响。这些研究发现，成功的产品升级可以提升企业品牌形象和市场地位，增强消费者对企业产品的信任和好感度，有利于提高销售收入和市场份额。还有研究探讨了产品升级对企业创新能力和竞争优势的影响。这些研究指出，通过持续的产品升级和创新，企业可以提高自身的技术水平和市场竞争力，实现持续增长和发展。

3. 制造业升级的影响因素研究

（1）创新。创新是推动新兴国家制造业升级的重要源泉。理查德等（Ricardo et al.，2007）指出，通过提高专业化和"工业深化"转向更高附加值的产品和生产阶段需要丰厚的知识基础。为了获得并保持长久的竞争优势，中国制造业企业逐渐由依赖低成本优势战略转向创新差异化和营销差异化战略，企业通过关系技术与结构技术嵌入网络，在企业创新差异化和营销差异化战略的中介作用下对制造业企业绩效产生积极作用（Gary，2013）；汉隆（Hanlon，2015）研究发现，技术创新、产品创新和制度创新均显著促进了中国制造业升级。目前，中国制造业的核心技术与设备依然依靠进口，如何培育高素质人才与创新能力是驱动制造业升级的关键所在（Mrabet et al.，2013）。

（2）经济增长。一般而言，经济增长有助于促进专业化和劳动生产率提升，引导生产要素跨部门流动，从而导致制造业结构变化与升级（Zhu，2017），但国内生产总值的增长，并不意味着实现了制造业升级。米歇尔（Michele，2016）的研究结果表明，经济发展水平与制造业升级之间存在倒 U 型关系。多利克（Dllek，1999）也认为，对于非洲等没有竞争力的国家而言，制造业升级与经济发展水平等宏观经济因素之间可能存在非线性的关系。通常工业化国家具有相对完善的制造体系，生产要素配置效率相对较高，但由于惯性效应，生产要素可能持续流入传统优势产业，从而阻碍制造业转型升级（Mukesh et al.，2002）。

（3）经济开放。在开放型经济中，经济开放程度与产业结构密切相关。持续的贸易调整将带来制造业的转型与质量升级（Lia，2011）。以罗马尼亚为例，外资进入的领域逐渐由劳动密集型和低技术制造业转向电气设备和汽车生产等领域，从而为当地制造业结构调整与升级带来动力（Cosimo，2017）。研究发现，外商直接投资的流入提升了中欧国家在欧洲汽车生产体系中的影响，从而助推产业升级（Fiona et al.，2018）。也有研究认为，外商直接投资是环境规制影响制造业升级的重要作用机制（Liu et al.，2020）。

（4）生产性服务业集聚。生产性服务业集聚对本地及周边地区的制造业升级都产生了积极作用，研发要素流动和污染排放强度是主要作用机制（彭徽和匡贤明，2019）。制造业生产需求吸引更多生产性服务业在相关空间范围内集聚，这有利于制造业降本增效、实现转型升级。陈晓华等（2021）指出，生产性服务业集聚有利于制造业向全球价值链的中高端环节延伸，推动中国制造业向服务型制造的转变。此外，生产性服务业集聚也是高铁开通促进制造业升级的重要作用机制（杜传忠和管海锋，2021）。

2.3.3 数字金融与制造业升级关系的相关研究

1. 数字金融与经济高质量发展的协同发展

沈玉芳等（2010）通过分析长江三角洲地区内产业集群的成

熟度、港口集群的运营效能以及城市集群的集聚效应，以及三者之间的协同效应与互补关系，评估了该地区在促进区域一体化和协同发展方面的表现与潜力。结果显示，长江三角洲在推动区域经济的协同发展中扮演着至关重要的角色。柴攀峰等（2014）指出，随着区域经济一体化的深入推进，长三角城市群将逐渐形成一个更为均衡、高效的"多中心"城市空间格局。这一格局不仅将增强区域内各城市的综合竞争力，还将促进资源更合理地配置与利用，为全国的可持续发展注入新的活力与动力。周奕（2018）指出，数字金融与经济高质量发展的协同发展不仅能够促进区域内资源的有效整合与配置，还能带动周边地区的经济发展，形成良性互动与循环。李小玉（2022）等认为，数字经济通过其强大的数据分析和处理能力，能够更有效地聚集和配置资源，提高资源利用效率。在长江中游城市群中，数字经济的协同发展促进了科技人力、创新平台等资源的共享和优化配置，为城市群的高质量发展提供了有力支撑。孙久文和程芸倩（2023）指出，产业协同发展是京津冀协同发展战略的重要组成部分。通过政策保障、产业对接和区域分工，京津冀三地在产业上形成了优势互补、协同发展的良好局面。

2. 普惠金融与实体经济的协同发展

谢升峰和路万忠（2014）研究发现，随着农村普惠金融发展水平的提高，农村经济得到显著发展，农村金融机构的覆盖面逐渐扩大、金融服务便捷性不断提升。此外，虽然经济发展并不必然带来城乡差距的减小，但普惠金融的发展可以在一定程度上缓解这一矛盾。普惠金融通过提供全方位的金融服务，促进农村地区的经济发展和社会进步，进而有效地缩小城乡差距。孙承志等（2016）采用定量分析与定性分析相结合的方法，通过构建相关指标体系，对吉林省农村普惠金融与城乡经济统筹的协同发展程度进行了测算和分析。研究发现，农村普惠金融的发展未能充分带动城乡经济的协同发展，城乡之间的金融资源配置和服务水平仍存在较大差异。政府应进一步加大城乡统筹发展的力度，通过优化城乡空间布局、推动产业升级和转移、加强基础设施建设等措施，促进城乡之间的协同发展。周斌等（2017）采用面板向量自回归（PVAR）模型分析了"互联网＋"、普惠金融与经济增长三者的协同关系。研究发现，"互联网＋"和普惠金融对经济增长的影响程度相当，且二者均对经济增长具有正向促进作用。这表明，"互联网＋"的普及和发展以及普惠金融的推广和实施，都有助于推动经济的增长。与之相比，经济增长对普惠金融的影响相对较小。这可能是因为普惠金融的发展更多地依赖于政策推动和金融机构的布局，而经济增长虽然为普惠金融提供了更好的市场环境和发展空间，但其对普惠金融的直接推动作用相对有限。

2.4　研究述评

综上，现有研究主要存在以下特征：

第一，数字普惠金融的定义及其衡量标准已达成相对共识。学者们在阐述数字普惠金融的概念时，普遍聚焦于数字技术与普惠金融的融合，指出它是普惠金融在数字时代的延伸与升级。关于测度，北京大学数字普惠金融指数的评价体系因其全面性而被广泛应用。

第二，制造业升级的内涵和测度是一个相对复杂且多维度的概念体系。其内涵不仅涵盖了技术升级、产业升级、产品升级等多个层面，还涉及生产流程优化、管理模式创新、供应链整合等多个方面。而测度方面，则需要综合考虑生产效率提升、产品质量改善、市场竞争力增强、创新能力提高等多个指标，才能全面准确地评估制造业升级的实际成效和潜在价值。同时，不同行业、不同地区、不同发展阶段的制造业企业，其升级的内涵和测度标准也可能存在差异，因此需要在具体实践中进行灵活调整和优化。

第三，学术界对于数字金融与实体经济的相关性也展开了分析。研究不仅聚焦于数字金融如何促进实体经济的转型升级、提升经济效率与增长质量，还涉及实体经济如何为数字金融的发展提供坚实的基础与广阔的空间。在相互作用机制方面，研究重点聚焦于数字金融如何借助其独特的优势，如低成本、高效率、广覆盖等，促进实体经济的资金流动、资源配置与产业升级，同时实体经济的需求变化又如何驱动数字金融的创新与发展。协同效应的探讨则侧重于两者在推动经济增长、提升金融服务可获得性、优化产业结构等方面的正向叠加效应，以及如何通过政策引导与市场机制，实现数字金融与实体经济的深度融合与共赢发展。

第3章 数字金融与制造业升级协同发展机制的理论建构

基于第 2 章的文献回顾，本章将对数字金融与制造业升级协同发展内外机理进行理论建构。本章首先分别介绍了数字金融系统与制造业升级系统的构成，其次阐释了数字金融与制造业升级协同发展的内部具体影响机制，最后揭示了数字金融与制造业升级协同发展的外部驱动机制。

3.1 数字金融系统与制造业升级系统的构成

3.1.1 数字金融系统

数字金融是金融服务与诸多前沿数字技术深度融合并创新发展出来的，这些技术除了移动互联技术与物联网技术，还包括了海量数据处理与分析的大数据技术，以及高效、去中心化的分布式技术（云计算服务与区块链技术）。此外，人工智能技术的引入，为数字金融带来了前所未有的智能化水平与自动化能力，而信息安全技术的革新，特别是生物识别技术与高级加密技术的应用，则极大地增强了金融交易的安全性与用户隐私的保护。数字金融与互联网金融、金融科技等概念紧密相连，它们共同构成了金融创新谱系。在这个谱系中，数字金融不仅继承了传统金融服务的核心功能，更在此基础上实现了质的飞跃，其核心价值在于能够提供普惠性强、精准度高的金融服务。无论是偏远地区的个体经营者，还是城市中心的企业家，都能通过数字金融平台便捷地获取到符合自身需求的金融服务，从而促进金融资源的优化配置。郭峰等（2020）在现有文献的基础上，将数字金融系统分为数字金融覆盖广度、数字金融使用深度和普惠金融数字化程度三个子系统。

1. 数字金融覆盖广度

金融排斥深入探讨了金融机构在市场运作中的行为逻辑及其对不同经济条件人群的影响。该理论认为，为了有效控制风险并追求更加稳定且盈利的市场环境，金融机构会采取一种持续性的市场细分策略。在这个过程中，经济条件优越、信用记录良好的客户自然成为了金融机构竞相追逐的目标。这些高端客户不仅能够为金融机构带来稳定的收入来源，还因其较低的违约风险而备受青睐，因此，他们能够获得更为丰富多样的金融服务和创新金融产品，满足其多元化的财务需求。然而，这一策略的实施，无形中加剧了社会经济不平等的现象。经济条件较差、信用记录不够完善或位于偏远地区的客户群体，往往因为不符合金融机构的风险偏好和盈利目标，而被逐渐边缘化。他们获取金融服务的机会因此大幅减少，包括但不限于贷款、储蓄账户、保险等基本金融工具的获取，这不仅限制了他们改善生活状况的能力，也进一步扩大了贫富差距，形成了所谓的"金融排斥"。在传统金融模式下，物理分支机构的设立与运营成本高企，加之地理位置偏远和当地经济发展水平有限的多重制约，使得金融服务难以有效渗透到经济相对落后的地区。这些地区的居民和企业，即便是拥有较高的金融需求，也往往因为距离远、成本高、信息不对称等原因，难以获得金融支持。金融机构出于成本控制和利润最大化的考虑，更倾向于将资源集中在能够产生高额回报的市场领域，比如为金融市场上那些高收益个人、大型企业以及城市核心区域提供服务。这种策略导向，虽然短期内可能提升金融机构的财务表现，但从长远来看，却忽视了大量"长尾"客户群体的个性化金融需求（何宏庆，2020）。

这些"长尾"客户虽然单个来看可能贡献的利润有限，但作为一个整体，其市场规模和潜力不容小觑。随着边际成本的持续降低和不断累积，这种成本效益的优化过程开始显现其深远的影响。在初始阶段，通过技术创新、流程优化以及规模效应的发挥，单位产品或服务的成本会逐渐递减，即边际成本逐渐降低。在这个成本较低的新常态下，原本因规模较小而被视为"小众市场"的客户群体，其带来的收益开始展现出惊人的增长潜力。随着小众市场的深入开发和定制化服务的提供，这些客户群体不再仅仅是补充性的收入来源，而是逐渐成为企业盈利的重要组成部分。由于边际成本的显著降低，为小众市场提供服务的成本变得可控且高效，企业得以通过精准营销、个性化产品设计和高效的客户服务，吸引并留住这部分客户。随着小众市场规模的扩大和忠诚度的提升，它们所产生的收益逐渐逼近甚至在某些情况下超越了传统意义上的"头部"客户所带来的收益。

数字金融作为金融科技发展的前沿阵地，将数字技术与金融体系深度融合，不仅革新了金融服务的提供方式，还深刻改变了金融市场的运作逻辑。通过充分利用大科技平台的长尾效应，数字金融能打破长久以来困扰金融市场的"二八定律"，即20%的客户贡献80%的利润的传统格局，促进传统金融的转型升级，推动金融服务的民主化和普及化（Parag & Arjunwadkar, 2018；邱晗等，2018；丁杰等，2022）。从覆盖区域的角度来看，数字金融以其独特的优势，成功消除了传统金融服务面临的地理屏障和地理歧视。过去，许多偏远地区或经济欠发达地区由于银行网点和ATM等硬件设施的缺失，居民难以享受到便捷的金融服务。数字金融的兴起使得这些地区的客户只需通过智能手机或其他移动设备，就能轻松获得他们所需的金融资源。这不仅极大地拓展了现代金融机构服务的供给边界，使得金融服务能够触及更广泛的地区，还显著提高了金融交易的灵活性和普惠度，真正实现了"金融无界"的理想。从覆盖的社会群体来看，数字金融同样展现出强大的包容性和普惠性。相较于传统金融机构的排他性，数字金融服务通过技术创新，将金融触角延伸至那些被排除在传统金融体系之外的"长尾"人群（程广斌，2022）。这些人群往往因为收入较低、信用记录不完善或地理位置偏远等原因，难以从传统金融机构获得所需的金融服务。然而，数字金融通过降低交易成本和进入门槛，为他们提供了更加便捷、低成本的金融产品和服务。同时，借助大数据和人工智能技术，数字金融还能够提供更加个性化的金融解决方案，充分满足民众在低利润区间内的长尾消费需求，真正实现金融服务的全民共享和个性化定制（黄倩，2019）。

2. 数字金融使用深度

数字金融是与数字经济时代紧密契合的一种新型金融业态，随着信息技术的飞速进步与金融服务的持续创新而蓬勃发展，数字金融的业务模式在落地应用的过程中，展现了强大的生命力、适应性，以及多层次性、多元化发展的鲜明特征。一方面，数字人民币作为人民币的电子版，其布局与发展已经取得了阶段性的显著进展。数字人民币的推出，标志着我国在数字货币领域迈出了重要的一步，其对于现有支付体系的革新与补充作用日益凸显。相较于已有的第三方支付工具，数字人民币展现出了多方面的明显优势。在便捷性方面，数字人民币的支付流程更加简洁高效，用户无须通过第三方平台即可完成交易，大大缩短了支付时间，提升了支付效率（龚六堂，2022）。另一方面，数字人民币的可视性更强，每一笔交易都能够被清晰地记录和追踪，为用户提供了更加透明的支付环境。在法律保障方面，数字人民币作为法定货币，其地位与现金相同，具有不可替代的法律效力（Beck，2018）。这意味着用户在使用数字人民币进行支付时，能够享受到与现金支付同等的法律保障，可有效降低交易风险。此外，数字人民币的普惠性更强，能够覆盖到更多的人群和场景，为那些没有传统银行账户或难以获得金融服务的群体提供了更加便捷的支付手段（刘俊杰，2020）。

个人与企业在日常生活中，已经深度融入了数字化金融工具的使用，移动支付和网上银行成为他们进行交易和资金管理的主要手段。无论是购物消费、转账汇款，还是投资理财、信用贷款，这些数字化金融工具都以其便捷性、高效性和安全性赢得了广泛的认可（谢家智和吴静茹，2020）。政府及公共服务部门同样在数字化转型的道路上取得了显著进展。通过电子政务平台的建设和运营，政务服务实现了线上化、数据共享和智能化决策（黄益平和黄卓，2018）。民众可以足不出户地办理各类政务事项，享受更加便捷、高效的公共服务。同时，政府也能够更加精准地掌握社会运行状况，出台更为准确妥当的政策措施，促进经济持续发展。此外，在教育、医疗、交通等关键领域，数字技术的应用也日益广泛。通过数字化手段，教育资源得到更加合理的分配，教学质量得到显著提升（Hsieh，2009）；医疗服务实现远程诊疗、健康管理等创新模式，为患者提供更加便捷、高效的医疗服务；交通系统则通过智能交通管理、共享出行等方式，有效缓解城市交通拥堵问题，提高出行效率（Honohan，2004）。这些数字化应用不仅可极大地提高社会运行效率，还可促进信息的透明度和公平性。无论是个人、企业还是政府，都能够通过数字化手段获取更加全面、准确的信息，从而作出更加明智的决策。这种信息透明性和公平性的提升，是数字经济发展的重要标志，也是推动经济社会持续健康发展的关键力量（Phippon，2015）。

3. 普惠金融数字化程度

数字金融与数字化程度之间存在着一种紧密且相互促进、共生共荣的深刻关系。一方面，数字金融凭借其技术创新与应用，如大数据、云计算、区块链等前沿科技的融入，极大地推动了金融服务的创新与升级，不仅显著提升了金融服务的效率与便捷性，更引领了整个金融行业向数字化转型的浪潮中迈进（何宏庆，2019）。同时，数字金融通过服务模式的深刻变革，打破了传统金融服务的时空限制，实现了金融服务的线上化、实时化和智能化，极大地拓宽了金融服务的覆盖面和普及率，降低了金融服务的成本，使得更多人能够享受到便捷、高效的金融服务（Itay et al.，2019）。

另一方面，数字化程度的不断提升，为数字金融的蓬勃发展提供了强有力的支撑与推动。首先，随着数字化程度的深化，金融机构能够轻松地获取和积累海量的数据资源。这些数据资源如同宝贵的金矿，为金融机构提供了进行风险评估、产品定价以及精准营销的重要依据。通过对这些数据的深入挖掘和分析，金融机构能够更准确地理解客户需求，提供更加个性化的金融产品和服务，从而极大地提升金融服务的精准度和客户满意度（薛莹和胡坚，2020）。其次，数字化程度的提升推动了金融基础设施的全面完善。支付系统、征信系统、金融交易系统等关键金融基础设施的数字化转型，不仅提升了金融服务的效率和便捷性，更极大地降低了金融服务的成本。这些基础设施的数字化，使得金融机构能够更快速、更准确地处理交易，为客户提供更加流畅、高效的金融服务体验（张龙耀和邢朝辉，2021）。再其次，数字化基础设施的完善为金融机构提供了更广阔的业务发展空间，推动了金融服务的创新和升级。最后，数字化程度的提升极大地优化了金融创新环境（滕磊和马德功，2020）。在政策层面，政府对于数字金融的支持和鼓励为金融机构提供了更加宽松的发展空间；在监管层面，监管机构通过创新监管方式和手段，为数字金融的发展提供了有力的保障；在人才培养层面，随着数字化程度的提升，金融机构对于数字化人才的需求日益增加，这推动了金融行业人才培养体系的不断完善。这些创新环境的改善，为数字金融的发展提供了更加有利和宽松的环境，激发了金融机构的创新活力，推动了数字金融的不断发展。

综上所述，数字化程度的提升不仅为数字金融的发展提供了坚实的支撑，更推动了金融服务的创新、升级和普及。在数字化浪潮的推动下，数字金融正以其独特的魅力和潜力，引领着金融行业向更加智能化、便捷化和个性化的方向发展。

3.1.2　制造业升级系统

制造业的转型升级，不仅是经济高质量发展在产业层面的具体体现，更是实现国家宏观经济发展目标的关键所在。制造业升级的内涵丰富而深远，它要求制造业在多个方面实现全面提升，以适应和引领国内外市场的深刻变化。具体而言，其内涵应符合两大方面。一方面，制造业升级要紧密围绕满足内部需求这一核心任务（蔡瑞林和陈万，2014）。这意味着制造业必须敏锐捕捉社会需求的变化趋势，及时调整生产结构和产品布局，确保所生产的产品和服务能够精准对接市场需求，满足人民群众日益增长的物质文化需求。同时，制造业还要注重提升产品质量和服务水平，以高品质的产品和卓越的服务赢得消费者的信赖和支持，进一步巩固和扩大市场份额。另一方面，制造业升级要勇于应对外部变化，积极借助变化带来的机遇和挑战，依托科技创新培育新的发展动力（陈劲，2015）。这要求制造业在高端化、智能化和绿色化等方面取得显著进展。通过加强自主研发和创新能力，推动制造业向产业链和价值链的高端攀升，提升产品的技术含量和附加值。同时，积极拥抱智能化和数字化转型，利用大数据、云计算、人工智能等先进技术提升生产效率和智能化水平。此外，还要注重发展服务型制造和绿色制造，推动制造业与服务业的深度融合，实现资源的高效利用和环境的可持续发展。

1. 制造业高端化

制造业高端化是实现"制造强国"宏伟蓝图的最终体现，它标志着我国制造业在全球产业竞争中的领先地位与卓越实力。针对制造业的高端化，我们可从三个视角进行深入了解。首先，产品质量需要达到相当高度，这不仅意味着产品基本属性需要得到持续优化，以满足消费者日益增长的品质需求，更在于产品的外观设计、用户体验的不断优化，使之能够触动消费者的情感共鸣，从而在激烈的市场竞争中脱颖而出（陈长江，2019）。随着消费者需求的多元化与个性化趋势，制造业必须紧跟时代步伐，不断推陈出新，确保产品品质的全方位提升。其次，技术水平的高端化是制造业迈向高端的关键所在（程慧慧等，2012）。这表现为知识密集度与技术密集度的显著提升，以及在高精尖技术领域实现自主研发能力的突破。通过加大研发投入、引进和培养高端人才、推动产学研深度融合，制造业能够逐步摆脱对外部技术的依赖，形成具有自主知识产权的核心竞争力。高精尖技术的自主研发不仅提升了制造业的技术水平，更为我国在全球产业链中占据有利位置奠定了坚实基础。最后，制造业高端化还体现在其处于价值链的高端位置，具备全球领先的附加值能力和技术转化能力。这意味着制造业不仅要能够生产出高品质、高技术含量的产品，还要能够在全球市场中占据主导地位，通过品牌塑造、渠道拓展等方式实现产品价值的最大化。同时，制造业还需具备强大的技术转化能力，将科研成果迅速转化为生产力，推动产业升级和经济发展。

2. 制造业智能化

制造业智能化不仅是单一生产环节的智能化改造，更是涵盖了产品设计、原材料采购、生产制造、物流配送、售后服务等全生命周期的智能化升级。制造业通过物联网、大数据、云计算等一系列前沿技术，借助智能传感器、自动化生产线等智能装备，使生产系统具备深度自感知、优化自决策和精准控制自执行的能力，从而实现生产全流程的智能化管理（戴翔和金碚，2014）。在生产环节上，制造业智能化体现在产品和装备的智能化升级上。当前市场上已有的智能产品，如智能家居设备、智能穿戴设备、机器人等，凭借其便捷性、高效性和智能化特点，已经赢得了广大消费者的青睐和关注，占据了较大的市场份额。一方面，这些智能产品不仅提升了人们的生活品质和工作效率，还推动了相关产业链的发展和创新。另一方面，智能化在生产制造业流程中发挥着举足轻重的作用。它不仅能够显著提高生产要素的生产效率，优化资源配置，降低生产成本，还能够通过数据分析、预测和决策支持等手段，帮助企业更好地掌握市场动态和客户需求，实现价值创造的最大化（韩江波，2017）。智能化技术的应用，使得生产过程中的质量控制、成本控制、效率提升等方面都得到显著的改善，为企业的可持续发展奠定了坚实的基础。综上所述，制造业智能化是制造业转型升级的必然趋势和关键路径。通过实施智能化改造和升级，制造业企业可以全面提升自身的竞争力和创新能力，实现更高效、更智能、更可持续的发展。同时，制造业智能化也将为整个社会带来更多的便利和福祉，推动经济社会的全面进步和发展。

3. 制造业绿色化

制造业绿色化不仅代表了制造业转型升级、高质量发展的内在要求，更是推动社会整体生态文明建设迈向新高度、构建人与自然和谐共生美好图景的关键一环。在这个过程中，科技创新成为驱动制造业绿色转型的重要引擎，通过引入先进的生产工艺、节能技术和环保材料，不断提升资源利用效率，减少环境污染，实现经济效益与生态效益的双赢。制造业绿色化不仅要求企业在生产过程中采取更加环保、低碳的方式，而且强调从产品设计、原材料选择、生产制造到回收利用的全生命周期管理，形成闭环的绿色供应链体系。这一转型不仅有助于提升制造业的国际竞争力，促进产业结构优化升级，还能有效应对气候变化、环境污染等全球性挑战，为社会的可持续发展贡献力量（Boppart，2014）。同时，制造业绿色化作为生态文明建设的重要组成部分，其成功实践将带动其他行业领域的绿色发展，激发全社会对环境保护和生态文明建设的广泛关注和积极参与（Ward，2016）。通过政策引导、市场机制创新、公众参与等多方面的努力，共同推动形成绿色发展方式和生活方式，为子孙后代留下一个天蓝、地绿、水清的美好家园。因此，制造业绿色化不仅是制造业自身的变革需求，更是关乎国家长远发展、民族复兴和人类命运共同体的重大战略选择。

为了实现制造业的绿色化，需要在多个方面下功夫。一方面，我们要致力于提高能源利用效率，通过合理规划和利用能源资源，实现低耗高效的生产模式。这包括采用先进的节能技术和设备，优化能源使用结构，减少能源浪费，以及推动可再生能源的广泛应用等。另一方面，我们不仅要加强环境监管和执法力度，淘汰落后的"高污高耗"产能，还要积极推动传统制造业的转型升级。同时，我们还需要加大环保科技研发投入，推动环保技术的创新和应用，为制造业的绿色化发展提供有力支撑。

3.2　数字金融与制造业升级协同发展的内在机理

3.2.1　数字金融对制造业升级的推动作用

现阶段，数字金融领域内各构成要素之间的发展呈现出显著的不均衡状态，这种不均衡不仅体现在技术成熟度、市场渗透率、监管环境等多个维度上，还深刻地影响着数字金融服务的整体效能与普惠性。与此同时，这些构成要素之间存在着复杂交错、协同共生的紧密联系，它们相互依存、相互影响，共同构成了数字金融生态系统的复杂网络。这种复杂性和共生性，使得数字金融在推动制造业升级发展方面展现出多样化的路径和模式。本书主要从数字化覆盖广度、数字化使用深度和数字化程度三个角度阐述数字金融不同要素对制造业升级的影响。

覆盖广度作为衡量数字金融服务范围的重要指标，直接决定了数字金融能够惠及的制造企业数量与地域分布。这一广度的拓展，对于促进制造企业的全面发展具有深远意义。一方面，数字金融覆盖广度的显著提升，为偏远地区的制造企业铺设了一条通往融资渠道的桥梁，有效缓解了这些企业长期面临的融资约束。传统金融体系中，偏远地区往往因为地理障碍、信息不对称等问题，难以获得及时、充足的金融支持。而数字金融的普及，通过线上化、智能化的金融服务，打破了地理限制，使得偏远地区的制造企业也能享受到便捷、高效的金融服务，从而缓解融资难题，促进企业的健康成长。另一方面，数字金融凭借其强大的数据处理和分析能力，能有效缓解信息不对称的问题。金融机构通过运用大数据、云计算等数字技术，实现数据的实时联动与共享，这不仅可以提升金融服务的效率和精准度，更为制造企业提供前所未有的信息获取渠道。在更广泛的数字金融覆盖范围内，制造企业能够更全面、深入地掌握供应商和客户的动态信息，这不仅有助于企业优化供应链管理，提升运营效率，还能在创新过程中有效降低因信息不对称而产生的潜在风险，增强企业的市场适应能力和竞争力。

数字金融凭借其优化资金流转、显著降低交易成本以及加速信息流通等核心机制，为制造企业的创新之路铺设了坚实的基石，极大地增强了它们的创新能力和在激烈市场竞争中的立足之本。这一变革性力量首先体现在对制造企业融资环境的显著改善上，通过打破传统金融服务的壁垒，数字金融降低了融资门槛，使得更多制造企业能够便捷地获取到发展所需的资金支持，有效缓解了长期以来困扰它们的融资难、融资贵问题，从而确保企业日常运营和扩大再生产的资金需求能够得到满足。不仅如此，数字金融还通过激活消费者的消费热情，为市场注入新的活力。随着支付方式的多样化和便捷性提升，消费者的购物体验得到优化，购买意愿和支付能力同步增强，这不仅直接促进了商品和服务的销售，更在无形中形成了对市场需求的精准反馈机制。面对这一变化，制造企业不得不加快产品和服务的创新步伐，以满足消费者日益多样化和个性化的需求，从而在市场竞争中占据有利地位。在生产层面，数字金融的广泛应用更是推动了生产模式的深刻变革。按需定产、智能制造等先进生产模式的推广，使得制造企业能够更加灵活高效地响应市场变化，减少库存积压，提高生产效率和资源利用率。

数字化的重要特征，集中体现在数字金融的去中介化和支付方式的移动化两大趋势上，这些变革不仅重塑了金融服务的提供方式，而且显著降低了小微企业获取金融服务时的中间成本，极大地加速了资金和信息的流动速度。一方面，数字化作为金融模式创新的关键表征，为制造业的创新发展贡献了全新模式。随着数字金融的深入发展，制造企业得以借鉴并应用这些先进的金融理念和技术，推动自身在自动化技术、电子商务等领域的探索与实践。例如，通过集成先进的金融科技工具，制造企业能够实现财务流程的自动化管理，提升运营效率；同时，借助电商平台，制造企业能够拓宽销售渠道，触达更广泛的客户群体，从而加速企业的成长步伐。另一方面，数字化的发展模式在大数据技术的加持下，进一步提高了资源匹配的准确性，为制造业获取金融服务带来了前所未有的便捷。大数据技术能够深入分析制造企业的经营数据、市场趋势等信息，帮助金融机构更准确地评估制造企业的信用状况和融资需求，从而提供更加贴合企业实际需求的金融产品和服务。这种精准匹配不仅降低了制造企业的融资成本，还提高了融资效率，使得企业能够更快速地获得发展所需的资金支持，进一步激发其创新活力。

3.2.2　制造业升级对数字金融的拉动作用

制造业升级是一个涵盖高端化、智能化和绿色化等多个维度的综合过程，这些方面的显著进展共同构成了制造业迈向更高质量发展阶段的重要标志。本书从制造业高端化、智能化和绿色化三个视角出发，深入探讨制造业升级对数字金融所产生的强大拉动作用。

制造业高端化进程中，企业对于新技术、新设备、新材料的研发投入不断增加，对于金融服务的需求也日益多样化。这种高端化的制造业需求，为数字金融提供了更为广阔的应用空间。数字金融可以依托现代科学技术，提升用户体验能力，创新产品服务，满足制造业高端化过程中的融资、保险、支付结算等多元化金融需求。制造业高端化要求企业实现资源的高效配置和利用。数字金融可以凭借其高效的资源配置能力，通过数字化技术将资金、信息和数据进行深度整合，实现资源在不同时间和地点的高效流动。这不仅可以减少融资的时间成本和交易费用，还能提升信息透明度，降低市场参与者的信任成本，从而推动制造业高端化进程中的资源优化配置。此外，制造业高端化过程中，技术创新是核心驱动力。数字金融作为金融与科技深度融合的产物，其底层核心技术如大数据、人工智能、区块链等，在制造业高端化进程中得到了广泛应用和不断优化。这种技术创新不仅提升了数字金融的服务能力，还激发了其更大的潜能，为制造业高端化提供了更加精准、高效的金融支持。制造业高端化推动了产业链、供应链、价值链的深度整合和优化。数字金融作为连接制造业与金融业的桥梁，可以促进产业间的深度融合和协同发展。通过构建数字金融生态，整合优质数字资源，重塑要素流动格局，引导金融资源流向绿色低碳、高端制造等产业，可以为制造业高端化提供精准服务，形成质量提升长效发展机制。

制造业智能化作为现代工业发展的重要方向，无疑是数字金融发挥其独特优势的另一关键领域。制造业智能化往往需要大量的资金投入，这些资金主要用于购买先进的生产设备，这些设备往往集成了最新的科技，能够显著提高生产效率和质量；同时，还需要引入先进的制造技术和系统，如物联网、大数据分析和人工智能等，以实现对生产过程的实时监控、智能调度和优化管理。此外，研发创新也是制造业智能化不可或缺的一环，企业需要投入资金进行新产品、新工艺和新技术的研发，以不断推出符合市场需求和引领行业潮流的智能产品。因此，制造业智能化不仅是对传统生产方式的革新，更是对企业资金实力和融资能力的巨大考验。制造业智能化的发展极大地促进了金融机构信贷结构的优化调整。在这一进程中，金融机构深刻认识到制造业智能化转型所带来的资金需求特性，因此更加倾向于提供中长期贷款和信用贷款，以灵活适应制造业企业因智能化升级而显著延长的生产周期及回款周期。通过精准对接企业的实际需求，金融机构确保了资金供给与企业运营需求的紧密匹配，有效缓解了企业在智能化转型过程中的资金压力。这一转变不仅为制造业企业提供了稳定的资金支持，更为其顺利实现智能化转型奠定了坚实基础，进而助力企业提升整体竞争力和可持续发展能力，推动制造业向更高质量、更高效率的发展阶段迈进。

制造业绿色化不仅是当前全球产业变革的显著趋势，更是实现可持续发展目标的关键一环。这一转型要求企业从产品设计、生产流程到废弃物处理，全面降低能耗、减少污染，实现资源的最大化利用和循环经济的目标。制造业绿色化为推动数字金融的进程提供了新的动力。首先，制造业绿色化能够加速数字金融的发展。制造业绿色化转型离不开大量的绿色金融资源的支持。绿色金融涵盖了绿色信贷、绿色债券、绿色基金等多种金融工具，旨在引导资金流向低碳、环保、节能等绿色领域。随着制造业企业纷纷踏上绿色化之路，其对于绿色金融的需求日益增加，这不仅体现在资金规模的扩大上，更体现在对金融产品多样性和创新性的高要求上。在此背景下，数字金融机构凭借其技术优势，成为了推动绿色金融发展的重要力量。它们积极响应制造业绿色化的融资需求，不断创新金融产品，力求提供更加贴合企业实际需求的绿色金融解决方案。因此，制造业绿色化对绿色金融的需求，为数字金融机构提供了广阔的创新空间与发展机遇。

综合以上数字金融对制造业升级的影响和制造业升级对数字金融的影响分析可知：一方面，数字金融为制造业升级缓解了信息不对称，推动了生产方式变革，同时强化了资源匹配精度，因而对制造业升级具有重要作用；另一方面，制造业升级通过扩大金融需求、优化金融供给以及创新金融应用，为数字金融发展赋予了新动能。数字金融与制造业升级在发展过程中存在着相互作用、相互协调、相互促进的紧密协同关系。这种协同关系体现在数字金融能够精准对接制造业升级的多元化需求，通过提供便捷、高效的金融服务，促进制造业的健康发展和转型升级，制造业的繁荣也为数字金融提供了广阔的市场空间和增长动力，如图 3 - 1 所示。

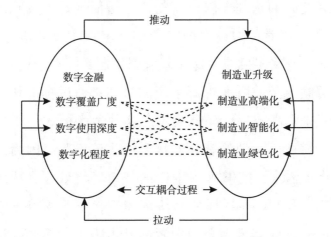

图 3 – 1 数字金融与制造业升级协同发展机制

3.3 数字金融与制造业升级协同发展的外在动力

数字金融与制造业升级的协同发展受到众多因素影响，这些因素不仅塑造了两者融合的路径，也决定了其发展的速度与深度。本书主要从市场需求、政府支持、产业竞争和技术进步四个维度进行解释。

3.3.1 市场需求

市场需求是影响数字金融与制造业升级协同发展的首要因素，本书主要讨论市场需求如何深刻影响二者的融合进程。市场需求的变化不仅是企业制定市场策略的风向标，也是其明确目标市场、规划发展战略以及优化资源配置方式的基石。在传统工业时代，交易时间和空间的物理界限以及物流、通信等基础设施的落后导致商品从生产到消费的过程面临着如运输成本高、信息传递慢、市场反馈滞后等诸多挑战。这些限制因素制约了企业的运营模式，使得企业更倾向于采取大规模生产的模式，通过标准化、批量化的生产方式来提高效率、降低成本。这种生产模式的主要目标是制造那些能够被广大消费者普遍接受的主流产品，因为这些产品有较大的市场需求，能够确保生产的规模经济效应，从而帮助企业获得更高的利润。在这样的经济环境下，企业的市场策略往往围绕着如何更好地满足大众消费者的基本需求；而对于那些小众或个性化的需求，则因难以形成规模效益而常常被忽视。然而，随着互联网的快速发展，互联网的普及改变了消费者与生产者之间的交易方式，极大降低了生产者和消费者之间的整体交易成本。一方面，在互联网时代，消费者可以通过搜索引擎、电子商务平台、社交媒体等多种渠道，轻松快捷地找到所需的产品或服务信息，大大缩短搜寻时间，降低了搜寻成本。另一方面，互联网平台还能根据消费者的偏好和行为数据，进行精准的市场细分和个性化推荐，进一步降低供需匹配的成本。

在这一背景下，消费者的偏好发生了显著转变，他们不再满足于千篇一律的大众化产品，而是更加倾向于追求个性化、差异化的特色产品。这一变化促使那些原本位于需求曲线"长尾"末端的小众、冷门产品，借助互联网平台的强大力量，实现了销量的激增（李海舰等，2014）。同时，与之紧密相关的金融服务需求也呈现出相应的增长态势。在互联网时代，消费者习惯利用便捷的线上支付工具完成交易，如通过手机银行、第三方支付平台等方式进行支付结算。在制造业生产中，从原材料的采购、生产线的运营到产品的销售与回收，数字金融都在为制造业提供着全方位的金融支持。例如，通过供应链金融，制造企业可以更加高效地管理上下游的资金流，降低运营成本（李骏阳，2009）。首先，供应链金融通过整合供应链上各个环节的金融需求，创造了一种基于真实交易背景的融资方式。制造企业可以通过将其应收账款、库存等资产转变为流动性"资产"，获取短期资金支持。这种融资方式不仅降低了融资门槛，还加速了企业的资金周转，促进了企业的发展和壮大。其次，借助大数据分析和机器学习技术，金融机构能够更为精准地测算企业的信用状况，为企业提供定制化的融资解决方案。因此，市场需求的变化使制造业企业越来越依赖数字金融（李美云，2011）。最后，区块链技术的应用使得制造业企业能够实时追踪产品的生产状态和流向，有效防止假冒伪劣产品的出现（凌永辉，2017）。同时，区块链技术还可以提高供应链的透明度，使得供应链上的各个环节都能够清晰地了解产品的来源和去向，从而增强供应链的可靠性和稳定性。因此，市场需求是驱动数字金融与制造业升级协同发展的重要因素。

3.3.2　政府支持

在数字金融与制造业升级两个子系统的发展过程中，市场机制发挥着决定性的作用。市场机制通过价格杠杆和竞争机制，激励企业不断创新、提升效率，推动数字金融产品的多样化和制造业技术的迭代升级。然而，市场机制并非万能，其运行过程中也可能出现信息不对称、外部性、垄断等问题，导致资源错配、市场失灵或发展不均衡等现象。因此，在充分释放市场机制积极作用的同时，也需要借助政府的宏观调控和政策引导。政府的管制机制在数字金融与制造业升级的耦合过程中发挥着举足轻重的作用。首先，政府通过一系列精细化的政策设计和实施，确保了数字金融资源的精准投放与合理配置，有效避免了资源的浪费和错配，实现了资源利用效率的最大化（Julapa & Catharine，2019）。资金流的顺畅与高效，推动了公平、透明、有序的金融市场环境的构建，为制造业的转型升级提供了坚实的金融支撑。此外，政府通过搭建产学研用深度融合的平台，优化创新链条上的资源配置，能够有力地促进科技成果的加速转化和深度产业化，推动制造业的转型升级和高质量发展。其次，政府的积极引导和有效监管还有助于数字金融与制造业之间形成紧密而良性的互动关系（Christian & Lars，2019）。

此外，政府引导在数字金融与制造业升级的耦合过程中也具有基础性作用。政府可以出台相关政策，明确数字金融与制造业升级协同发展的目标、路径和措施。例如，政府可以出台一系列具有前瞻性和针对性的相关政策，以明确数字金融与制造业升级协同发展的长远目标、具体路径及实施措施。政府可以制定金融支持制造业数字化转型的专项政策措施，详细列出包括贷款优惠、融资担保、风险投资引导在内的多种金融支持手段，以明确金融资源如何更有效地向制造业特别是高端制造业和智能制造领域倾斜的具体方案（王喆等，2021）。此外，政府还可以出台对金融机构的激励措施，如根据金融机构对制造业数字化转型的支持力度和成效，给予税收减免、补贴奖励等优惠政策，以激发金融机构服务制造业的积极性。同时，政策还需强调风险防控，建立风险预警和应对机制，确保金融支持制造业数字化转型的过程中，既能有效促进产业升级，又能有效防范金融风险（卢亚娟和刘骅，2017）。

3.3.3　产业竞争

产业竞争是推动数字金融与制造业升级协同发展的重要动力。在激烈的市场竞争中，企业为了保持或提升市场份额，不得不寻求技术创新和生产效率的提升，而这往往离不开金融服务的支持。在产业竞争中，创新被视为制造业企业提升核心竞争力的关键（James & Devlin，2005）。无论是产品设计的革新、生产流程的优化，还是新技术的应用，都离不开创新的驱动。然而，创新之路并非坦途，它伴随着巨大的研发投入和持续的资金支持需求，这对于许多制造业企业而言，无疑是一项艰巨的挑战。特别是在面对技术迭代加速、市场需求瞬息万变的今天，企业仅凭自有资金往往难以支撑起长期且高强度的创新活动。正是在这样的背景下，数字金融以其独特的优势，成为了制造业企业获取研发资金的重要"输血站"。数字金融不仅继承了传统金融的融资功能，更在此基础上实现了质的飞跃（Kellee et al.，2015）。它利用大数据分析、人工智能、区块链等前沿技术，构建了一套高效、精准的风险评估体系。这套体系能够深入挖掘企业的运营数据、创新成果、市场前景等多维度信息，从而更准确地评估企业的信用状况和创新能力。上述评估体系得到的结果显示，数字金融能够为制造业企业提供更加个性化、灵活的融资方案。这些方案不仅满足了企业不同阶段的资金需求，还通过优化融资结构、降低融资成本等方式，有效减轻了企业的财务负担。更重要的是，数字金融的介入，使得创新活动不再受限于资金瓶颈，企业得以更加专注于技术研发和市场开拓，从而加快了技术创新的步伐，推动了制造业的转型升级（Kim，2018）。此外，数字金融的融资模式创新，还促进了制造业产业链的协同发展。它打破了传统金融服务的时空限制，使得产业链上下游的企业能够更便捷地获得资金支持，进而提升整个产业链的协同效率和竞争力。这种跨行业、跨领域的金融与产业融合，为制造业的转型升级注入了新的活力，也为数字金融的创新发展开辟了更广阔的空间。

在产业竞争中，生产效率的提升也是制造业企业保持并增强竞争力的核心要素。随着科技的不断进步，制造业正逐步向智能化、自动化方向转型升级，这对企业的生产设备和技术水平提出了更高的要求（陈宪和黄建锋，2004）。为了提升生产效率，企业亟须引入一系列先进设备和技术，如自动化生产线、智能机器人、物联网传感器等，以实现生产流程的智能化控制和优化。然而，这些高端设备和技术的引入并非易事，它们往往需要巨额的资金投入，且因技术更新迅速，存在一定的投资风险和不确定性（陈宪，2010）。数字金融的介入，不仅解决了制造业企业在设备和技术引入过程中的资金难题，还通过提供生产流程优化、库存管理等增值服务，进一步提升了企业的生产效率和市场竞争力（楚明钦，2015）。这种金融与产业的深度融合，不仅推动了制造业的智能化、自动化转型，也为数字金融的创新发展提供了广阔的应用场景和市场空间。

3.3.4　技术进步

传统的制造业生产流程中，各个生产环节依赖于特定的技术、工艺和设备来完成，展现出了高度的专用性。这种专用性确保了生产效率和产品质量的稳定性，但同时也使得制造业与数字金融之间的技术关联性相对较弱。然而，随着信息技术的快速发展和数字化转型的推进，制造业与数字金融之间的技术关联性正在逐渐增强。智能制造、工业互联网等新兴技术的应用，使得制造业的生产过程更加智能化、数字化，同时也产生了大量的数据和信息（Jiang，2015）。这些数据和信息不仅为制造业的生产决策、质量控制、成本控制等提供了有力支持，也为数字金融提供了更多的应用场景和潜在价值。

在技术创新的过程中，制造企业持续探索并开发出一系列前沿的生产技术或制造工艺，这些创新不仅显著提升了生产效率和产品质量，同时也使得整个生产过程的复杂性和精细度大幅增加。生产过程中技术环节、管理要求以及供应链协同的复杂化催生了对生产性服务的需求。这些生产性服务涵盖了从研发设计、技术咨询、设备维护到供应链管理、物流配送、质量控制等多个方面。随着生产性服务需求的激增，制造企业对于能够提供专业化、定制化金融解决方案的需求也随之水涨船高（Lu，2018）。这些金融服务包括但不限于研发阶段的资金支持、生产线改造的融资安排、供应链金融解决方案以及基于数据的风险评估与管理等。在此背景下，数字金融凭借其强大的数据处理能力、灵活的服务模式以及高效的风险评估机制，成为满足制造企业多样化金融服务需求的重要力量。数字金融不仅通过大数据分析、人工智能等技术手段，为制造企业提供了更加精准、个性化的金融服务，还通过区块链、智能合约等创新应用，增强了交易的透明度和安全性，降低了融资成本与风险（赵放和刘秉镰，2012）。因此，技术创新不仅推动了制造企业的生产工艺和生产过程的复杂化，还通过释放大量的生产性服务需求和专业化金融服务需求，进一步加深了数字金融与制造业之间的联系与依赖。

3.4 本章小结

本章从数字金融的覆盖广度、使用深度和数字化程度三个视角，探讨了数字金融对制造业升级的推动作用。首先，从数字金融的覆盖广度来看，本章分析了数字金融如何通过拓宽金融服务的边界，使更多制造业企业能够享受到便捷、高效的金融服务。随着数字技术的快速发展，数字金融已经突破了传统金融服务的地理和时间限制，使得偏远地区、制造企业以及新兴制造业领域的企业也能获得所需的金融支持。这种广泛的覆盖不仅为制造业企业提供了更多的融资渠道，还促进了资金、技术和信息在更广泛范围内的流动和共享，为制造业的转型升级提供了坚实的金融基础。其次，从数字金融的使用深度来看，本章详细阐述了数字金融如何深化与制造业企业的融合，推动制造业向智能化、绿色化等高端方向发展。数字金融通过提供定制化的金融解决方案，如智能风控、供应链金融等，帮助企业优化资金配置，提高运营效率，降低融资成本。同时，数字金融还通过大数据分析、人工智能等技术手段，为企业提供精准的市场洞察和决策支持，助力企业实现精准营销、智能制造和绿色生产等目标。这种深度的融合不仅提升了制造业企业的核心竞争力，还推动了整个产业链的协同发展。最后，从数字金融的数字化程度来看，本章强调了数字

金融在推动制造业数字化转型中的关键作用。数字金融通过引入
云计算、区块链、人工智能等前沿技术，不仅提升了金融服务的
智能化和自动化水平，还促进了制造业企业的数字化转型。这种
数字化转型不仅强化了企业的生产效率和产品质量，还促进了企
业之间的信息共享和协同合作，为制造业的智能化、绿色化升级
提供了有力的技术支撑。

　　本章还从制造业高端化、智能化和绿色化三个视角，深入剖
析了制造业升级对数字金融的拉动作用。这种拉动作用不仅体现
在数字金融对制造业升级的直接支持上，还体现在两者之间的深
度融合和协同创新上。随着制造业升级的不断推进和数字金融的
不断发展，两者之间的相互作用将更加紧密，共同推动实体经济
的转型升级和高质量发展。在制造业高端化方面，随着产业链向
更高附加值环节的延伸，企业对资金、技术和服务的需求日益多
样化且高端化。数字金融以其灵活、高效和定制化的特点，成为
支撑制造业高端化发展的关键力量。通过提供精准匹配的资金支
持、优化资源配置、降低融资成本等，数字金融助力企业突破技
术瓶颈，提升产品质量和品牌价值，进而推动整个制造业向更高
端的市场领域迈进。制造业智能化则是数字金融发挥作用的另一
重要领域。智能化转型要求企业具备强大的数据处理和分析能力，
以及高效、安全的金融服务支持。数字金融通过引入大数据、人
工智能等先进技术，不仅提升金融服务的智能化水平，还推动智
能制造、智能工厂等新型业态的发展。数字金融与制造业智能化
的深度融合，不仅优化生产流程，提高生产效率，还促进产业生
态的协同创新和可持续发展。此外，制造业绿色化也是当前全球
产业变革的重要趋势之一。绿色化转型要求企业降低能耗、减少

污染，实现资源的循环利用和可持续发展。数字金融在绿色制造、绿色金融等方面的创新应用，为制造业绿色化提供了有力的金融支持。通过绿色信贷、绿色债券等金融工具，数字金融引导资金向绿色低碳领域流动，促进了制造业绿色技术的研发和应用，推动了制造业与生态环境的和谐共生。

此外，本章还从市场需求、政府支持、产业竞争和技术进步四个维度对数字金融与制造业升级协同发展的外在动力进行了阐释。市场需求层面，一些小众、冷门的低需求产品借助互联网平台的强大力量能够实现销量的激增。与之紧密相关的金融服务需求也呈现出相应的增长态势。在制造业生产中，从原材料的采购、生产线的运营到产品的销售与回收，数字金融都在为制造业提供着全方位的金融支持。政府支持层面，政府通过一系列精细化的政策设计和实施，确保了数字金融资源的精准投放与合理配置，能够有效避免资源的浪费和错配，实现资源利用效率的最大化。产业竞争层面，在激烈的市场竞争中，企业为了保持或提升市场份额，不得不寻求技术创新和生产效率的提升。数字金融的介入，使得创新活动不再受限于资金瓶颈，企业得以更加专注于技术研发和市场开拓，从而加快技术创新的步伐，推动制造业的转型升级。技术进步层面，技术创新不仅推动制造企业的生产工艺和生产过程的复杂化，还通过释放大量的生产性服务需求和专业化金融服务需求，进一步加深数字金融与制造业之间的联系与依赖。

第4章　数字金融与制造业升级的综合测度与空间特征

本章主要是对数字金融与制造业升级进行统计测度和分析，并在此基础上分别探讨数字金融和制造业升级的时空演变特征，为后续深入研究数字金融和制造业升级时空关系及两者之间协同发展作铺垫。

4.1　研究方法

构建中国省域数字金融发展水平和制造业升级的指标评价体系需要以具体的、可量化的指标数据为基础。除了指标数据以外，还需要选择科学的测度方法来分析评价这些数据。测度方法决定了原始数据是否能有效转化为有意义的结果，对于最终评价结果的准确性和可靠性至关重要。在评价体系中，各项指标并不是等权重的，它们对于评价目标的重要程度可能有所不同。因此，需要准确客观地计算各指标权重。

客观赋权法主要依赖于数据本身的特征和相互关系来确定权

重，不依赖于人的主观判断。其优点在于能够减少人为因素的干扰，提高评价结果的客观性；但缺点可能在于有时难以完全反映评价者的主观意图或特殊需求，且该方法对于样本量以及数据品质要求较为严格。该方法主要有熵值法、离差及均方差法、灰色关联分析法等。

主观赋权法更多地依赖于评价者的主观经验和判断来确定权重。其优点在于能够灵活反映评价者的主观意图和特殊需求，计算方法相对简单；但缺点在于可能受到评价者主观偏见的影响，导致评价结果的公正性和客观性受到影响。该方法主要包括主成分分析法、TOPSIS 法、Delphi 法和 AHP 法等。现有研究已经证实，由于主观赋权法受评价者主观偏见的影响较大，通常需要有深厚的专业知识和丰富的实践经验的专家和学者对各项指标的权重参与讨论与分析。如果没有足够的专家参与，这种主观赋权法得出的指标权重就很可能不准确，进而导致整个评价或分析结果的偏差，令人难以信服（白雪洁和周晓辉，2021）。

基于此，为了确保数字金融与制造业升级两个变量评价结果的公正性、合理性和客观性，本书参考已有文献，结合主观赋权法和客观赋权法，综合两者各自的优点，采用熵权 TOPSIS 法测算数字金融、制造业升级综合得分。

4.1.1 熵值法

在热力学中，熵是衡量系统状态无序程度的一个物理量，它与系统的微观状态数有关，微观状态数越多，系统的熵就越大，表示系统越混乱。在信息论中，信息熵是衡量信息源发出的信息平均信息量的大小，它反映了信息源产生信息的效率和信息的混乱程度。与热力学熵不同的是，信息熵越大，表示信息的不确定性越高，信息量越大，而不是系统越混乱。随着信息论的发展，信息熵的概念被广泛应用于各个领域，包括信息论、概率论、控制论、数论和生物学等。在信息论的基本原理中，信息在综合评价中往往更为重要，因此其权重应该更高。基于这一原理，研究人员开发了熵值法这一工具，用于确定多指标评价体系中各指标的权重。熵值法通过分析各指标的信息熵，计算出各指标提供信息的有效性和重要性，进而为各指标分配合理的权重。这种方法不依赖于研究者的主观判断，具有客观性强的优点。熵值法的具体步骤如下。

第一步，数据处理。

数据归一化处理：

$$y_{ij} = \frac{x_j - x_{min}}{x_{max} - x_{min}} ; y_{ij} = \frac{x_{max} - x_j}{x_{max} - x_{min}} \qquad (4-1)$$

式中，x_j 为第 j 项指标值，x_{max} 为第 j 项指标的最大值，x_{min} 为第 j 项指标的最小值，y_{ij} 为标准化值。

数据标准化处理：

$$x'_{ij} = \frac{x_{ij} - x_j}{s_j} \qquad (4-2)$$

若 m 为样本区间，n 为测度指标的数量，则对 $m \times n$ 阶矩阵进行标准化，形成原始数据评价矩阵式（4-3）：

$$R = \begin{bmatrix} r_{11} & r_{12} & \cdots & r_{1n} \\ r_{21} & r_{22} & \cdots & r_{2n} \\ \vdots & \vdots & & \vdots \\ r_{m1} & r_{m2} & \cdots & r_{mn} \end{bmatrix} \qquad (4-3)$$

式中，r_{ij}为j个指标下第i个项目的评价值。

接着，计算第j个指标下第i个项目的指标值比重（先验概率）p_{ij}：

$$p_{ij} = \frac{r_{ij}}{\sum_{i=1}^{m} r_{ij}} (0 \leqslant r_{ij} \leqslant 1) \qquad (4-4)$$

由此，可以建立数据的比重矩阵$p = \{p_{ij}\}_{m \times n}$。

第二步，求各指标的信息熵。

第j个指标的熵权为：

$$e_j = -k \sum_{i=1}^{m} p_{ij} \times \ln p_{ij} \qquad (4-5)$$

式中，常数k为：

$$k = \frac{1}{\ln m} \qquad (4-6)$$

信息效用值d为：

$$d_j = 1 - e_j \qquad (4-7)$$

第三步，利用熵权法估算各指标的权重，权重越大，则该指标对评价结果的贡献越大。第j个指标的权重w_j的计算式为：

$$w_j = \frac{(1 - e_j)}{\sum_{j=1}^{n} (1 - e_j)} = \frac{d_j}{\sum_{j=1}^{n} d_j} \qquad (4-8)$$

第四步，确定指标的综合权数β_{ij}。假设评估者根据自己的目的和要求将指标重要性的权重确定为α_j，$j = 1, 2, \cdots, n$，结合指标的熵权w_j就可以得到指标j的综合权数。

4.1.2　TOPSIS 法

TOPSIS 法即优劣解距离法，其名称直观地描述了该方法的核心思想。最优解和最劣解根据所有评价对象在各个评价指标上的表现所得。最优解是各个评价指标表现最佳时（即最优值）的集合，而最劣解则是各个评价指标表现最差时（即最差值）的集合。通常，一个评价对象如果与最优解的距离越近，同时与最劣解的距离越远，则被认为在该多属性决策问题中表现越优，排名也就越靠前。这种方法最早由黄同愿（C. Hwang）和尹克俊（K. Yoon）在 1981 年共同提出，是一种多目标决策分析方法，广泛应用于绩效评估、项目选择、方案评估等领域。TOPSIS 法的提出，是基于多属性决策（multiple criteria decision making, MCDM）理论的深入研究和实际应用需求。TOPSIS 法具有计算简便、易于理解和应用广泛等优点。它不需要对评价指标进行复杂的权重分配，而是通过直接比较评价对象与最优解和最劣解之间的距离来进行排序，从而避免了主观因素对评价结果的影响。此外，TOPSIS 法还能够直观地反映出评价对象在各个评价指标上的表现情况，为决策者提供了丰富的信息支持，TOPSIS 法的具体步骤如下。

第一步，确定和建立原始数据评价体系：

$$
\begin{aligned}
x &= (x_{ij})_{m \times n} \\
&= \begin{bmatrix} x_{11} & x_{12} & \cdots & x_{1n} \\ x_{21} & x_{22} & \cdots & x_{2n} \\ \vdots & \vdots & & \vdots \\ x_{m1} & x_{m2} & \cdots & x_{mn} \end{bmatrix} \quad (i = 1, 2, \cdots, m; j = 1, 2, \cdots, n)
\end{aligned}
$$

$$(4-9)$$

第二步，同熵值法的做法一致，将原始评价矩阵进行规范标准化处理，得到标准化矩阵：

$$
y = (y_{ij})_{m \times n}
$$

$$
= \begin{bmatrix}
y_{11} & y_{12} & \cdots & y_{1n} \\
y_{21} & y_{22} & \cdots & y_{2n} \\
\vdots & \vdots & & \vdots \\
y_{m1} & y_{m2} & \cdots & y_{mn}
\end{bmatrix} \quad (i = 1,2,\cdots,m; j = 1,2,\cdots,n)
$$

$$(4-10)$$

第三步，根据相关专家的经验打分和排序指定各指标的权重 w_j，利用该权重对各指标进行加权：

$$
v_{ij} = w_j \times y_{ij}
$$

继而可以得到加权标准化矩阵：

$$
v = (v_{ij})_{m \times n}
$$

$$
= \begin{bmatrix}
v_{11} & v_{12} & \cdots & v_{1n} \\
v_{21} & v_{22} & \cdots & v_{2n} \\
\vdots & \vdots & & \vdots \\
v_{m1} & v_{m2} & \cdots & v_{mn}
\end{bmatrix} \quad (i = 1,2,\cdots,m; j = 1,2,\cdots,n)
$$

$$(4-11)$$

第四步，利用矩阵 v 求出最优解 Q_j^+ 和最劣解 Q_j^-：

$$
Q_j^+ = (\max)(v_{i1}),\max(v_{i2}),\cdots,\max(v_{in}) \quad (4-12)
$$

$$
Q_j^- = (\min)(v_{i1}),\min(v_{i2}),\cdots,\min(v_{in}) \quad (4-13)
$$

第五步，在上述基础上，利用矩阵 v 求出各待评价指标与最优

解和最劣解的距离 D_i^+ 和 D_i^-：

$$D_i^+ = \sqrt{\sum_{j=1}^{n} (v_{ij} - Q_j^+)^2} \qquad (4-14)$$

$$D_i^- = \sqrt{\sum_{j=1}^{n} (v_{ij} - Q_j^-)^2} \qquad (4-15)$$

第六步，计算各指标与最优解和最劣解的相对邻近程度 C_i：

$$C_i = \frac{D_i^-}{D_i^+ + D_i^-}, C_i \text{ 取值介于 0 和 1 之间}$$

4.1.3　熵值和 TOPSIS 综合方法

　　基于已有文献，以及前文中的详细步骤可以看出，熵值法和 TOPSIS 法各有利弊。熵值法是一种客观赋权方法，它的优势在于其完全基于数据本身来确定权重，避免了主观因素的影响，使得评价结果更加客观、合理。TOPSIS 法的计算步骤相对简单，便于实际应用，通过计算得到的接近度值可以直接用于比较不同评价对象的优劣。但是，TOPSIS 法的一个重要步骤是权重的确定，传统上这依赖于研究者的主观经验和判断，这可能导致评价结果的主观性和不稳定性。尽管有研究者尝试通过问卷调查、专家打分等方式来减少主观性，但始终难以完全避免。鉴于此，本书综合使用熵值法和 TOPSIS 法，以更加全面、准确地反映各评价对象的实际情况，提高评价结果的准确性和可靠性。具体的测度步骤如下。

　　首先，为了消除 TOPSIS 法中主观赋权带来的不确定性，我们运用熵值法这一客观手段来确定各项指标的权重。熵值法通过分析数据本身的变异性和信息量，为各项指标分配了合理的权重，从而确保了评价过程的公正性和客观性。

接下来，我们利用这些通过熵值法计算得出的权重，对已经标准化的数据矩阵进行加权处理。这一步骤旨在根据各指标的重要性调整其数值，为后续分析奠定基础。

随后，基于加权后的标准化矩阵，我们进一步计算出代表最佳表现的最优解和代表最差表现的最劣解。这两个解分别代表了评价对象在各项指标上可能达到的最优和最差状态，为后续的距离计算提供参照。

紧接着，我们计算每个评价指标与最优解和最劣解之间的几何距离。这些距离反映了评价对象与理想状态或最差状态之间的偏离程度，是评估其优劣的重要依据。

最后，我们利用这些距离信息计算出每个评价对象的相对邻近程度。相对邻近程度越高的评价对象，意味着其表现越接近最优解，远离最劣解，因此在排序中占据更靠前的位置。对于本书而言，这直接对应着数字金融发展水平的高低。相对邻近程度高的地区或项目，表明其数字金融发展更为先进；反之，则表明其发展水平相对滞后。

4.1.4 数据来源

本研究以 2012~2022 年我国除西藏及港澳台地区以外的30个省份数据为研究样本，所有变量数据来自 EPS 数据库、《中国统计年鉴》、《中国科技统计年鉴》、《中国高技术产业统计年鉴》以及各省份统计年鉴。对于部分残缺数据利用线性插补法补齐。数字金融指数的数据主要来自"北京大学数字普惠金融指数（2012—2022）"。

4.2　数字金融的综合测度与时空特征

4.2.1　数字金融的综合测度

1. 数字金融指标体系筛选

数字金融已经成为数字经济时代的重要驱动力，其不仅重塑了金融服务的形态与边界，还促进了数字经济与实体经济的深度融合，为中国经济转型升级注入了强劲动力。这种融合体现在多个方面，包括但不限于提升金融服务效率、拓宽融资渠道、促进消费升级、加速产业升级转型以及推动区域经济均衡发展等。为了准确量化并评估中国数字金融的发展现状与经济效应，构建一套科学、全面、动态的指标体系显得尤为重要。这类指标体系旨在多维度、多层次地反映数字金融的发展程度、普及范围、创新活力及其对经济社会的影响。现有的数字金融指数，如"北京大学数字普惠金融指数""金融科技发展指数""科技金融发展指数"等，为学术界、政策制定者及市场参与者提供了重要的参考依据。覆盖广度衡量了数字金融服务在地理和人群方面的普及程度；使用深度反映了用户实际利用数字金融服务的频率、种类及质量；数字化程度则关注于技术应用的先进性和服务的便捷性。这种多维度的设计，使得指数能够全面而深入地刻画中国数字金融的发展状况。通过无量纲化处理和层次分析法等科学方法，该指数还合成了中国省域、市域、县域三个空间尺度的数字金融总指数，不仅揭示了不同地区数字金融发展的差异性和不平衡性，也为政策制定者提供了精准施策的依据。例如，对于数字金融发展滞后的地区，政府可以加大基础设施投入，提升金融服务的可获得性；而对于发展较快的地区，则可以鼓励创新，推动数字金融与实体经济的深度融合。目前，数字金融指数已成为国内外学者研究中国数字金融经济效应的重要工具。学者们利用这些指数，结合宏观经济数据、企业微观数据等，从多个角度探讨了数字金融对经济增长、产业结构升级、就业创业、减贫脱贫等方面的影响。这些研究不仅丰富了数字金融的理论体系，也为政策制定提供了有力的实证支持，有助于推动中国数字金融的健康发展，进一步促进数字经济与实体经济的深度融合。

"北京大学数字普惠金融指数"通过多维度、多层次的指标构建，全面反映了中国数字金融的普及程度、服务质量、创新能力以及地域差异等方面的信息。它不仅关注数字金融的广度，即覆盖人群和地区的广泛性，也重视其深度，即服务内容的丰富性和服务质量的提升。对于研究数字金融对中国经济的微观机制和宏观效应而言，"北京大学数字普惠金融指数"提供了重要的数据支持和分析工具。研究者可以利用该指数来评估数字金融对经济增长、金融稳定、产业结构升级等方面的影响，进而为政策制定和市场监管提供科学依据。此外，通过对比不同地区、不同时间段的指数表现，研究者可以深入剖析数字金融发展的不平衡性和制约因素，为区域协同发展和精准施策提供有力支持。因此，遵循已有研究路径，本书选择"北京大学数字普惠金融指数"作为衡量中国数字金融发展水平的指标体系，这不仅有助于确保研究结果的准确性和可靠性，还能够为相关领域的研究提供有益的参考和借鉴。

第一，数字金融覆盖广度。数字金融覆盖广度指的是数字金融的普及程度，数字金融覆盖广度不仅反映了数字金融服务的市场渗透率，还揭示了互联网金融模式在打破地域限制、实现无界服务方面的独特优势。为了更全面、深入地探讨用户在享受数字金融服务时的参与度和信任度，已有研究将支付宝绑卡用户比例作为一项重要指标。绑定银行卡是用户进行高频、大额交易的前提条件，其比例的高低直接反映了用户对数字金融服务的信任程度和使用深度。高比例的绑卡用户意味着用户更加信赖数字金融平台的安全性、便捷性和高效性，愿意将更多的金融活动迁移到数字平台上进行。因此，支付宝绑卡用户比例不仅是对数字金融覆盖广度和使用深度的有力补充，更是衡量数字普惠金融发展水平的一个重要参考。此外，平均每个支付宝账号绑定银行卡数从一个侧面反映了数字金融账户功能的多样性和用户黏性的强弱。

第二，数字金融使用深度。"深度"一词在探讨新型金融服务模式时，所蕴含的意义不止于表面的广度。这种"深度"不仅体现在金融服务模式所囊括的广泛种类上，如移动支付、征信服务、智能投顾等前沿领域，而且更在于这些种类如何在具体的应用场景中发挥作用，以及它们如何从不同角度综合考量数字金融在金融领域的渗透力和影响力。在种类方面，移动支付以其便捷性改变了人们的支付习惯，实现了随时随地地流转资金；征信服务则利用大数据和人工智能技术，为金融机构和个人提供了更为精准、全面的信用评估，促进了金融市场的健康发展；智能投顾则通过算法分析降低了投资门槛，提升了投资效率。在具体应用场景中，"深度"还包括一系列量化指标，其中，参与主体数目反映了市场对该金融服务的接纳程度，服务使用频率和交易次数则直接衡量了用户活跃度与市场交易量的多少。

第三，数字化程度。该指标体系从移动化、实惠化、信用化、便利化四个核心维度全方位地评估了互联网金融的数字化程度，为理解数字金融的发展脉络与影响力提供了坚实的基础。这四个维度既相互独立，又紧密相连，共同构成了数字金融生态的基石。移动化维度关注的是金融服务随用户移动而变化的特性。随着智能手机的普及和移动互联网的飞速发展，用户越来越倾向于通过移动设备随时随地进行金融操作，如转账、支付、理财等。较高的移动化程度意味着金融服务能够更好地融入用户的日常生活，极大提升了金融服务的可获得性和便利性，吸引了更多用户参与到数字金融的浪潮中来。实惠化维度则直接与数字金融的经济效益相关。相比传统金融，数字金融通过技术创新和规模效应降低了服务成本，使得小微经营者、个人等长尾用户也能享受到更为低廉的贷款利率、更高的投资回报率等实惠。这种成本优势不仅减轻了用户的经济负担，还激发了他们对数字金融服务的强烈需求，促进了市场的繁荣与活跃。信用化维度体现了数字金融在信用评估与风险管理方面的创新。依托大数据、云计算等先进技术，数字金融能够更加精准地评估用户的信用状况，为信用良好的用户提供更加便捷、优惠的金融服务。这种信用化的服务模式不仅提高了金融服务的效率与安全性，还促进了社会信用体系的建设与完善。便利化维度则是上述三个维度的综合体现，它涵盖了非介质支付方式的普及、操作流程的简化、服务回应速度的提升等多个方面。当数字金融服务变得足够便利时，用户无须再受时间、地点、介质等传统因素的限制，可以随时随地享受到高效、便捷的金融服务。这种高度的便利性极大地提升了用户体验，进一步增强了用户对数字金融的依赖与信任。在考虑到数字金融发展对制造业升级影响的作用机制可能存在的滞后性特征时，实证分析中采取对数字金融发展指数及其低维度指标（如移动化、实惠化、信用化、便利化等）进行滞后一期处理的方法。这种处理方式能够更准确地反映数字金融发展对制造业升级影响的实际时间路径，从而避免实时性假设导致的结论偏差。因此，本书采用数字金融发展指数及其滞后一期或更多期的低维度指标，通过对比当期制造业升级与前期数字金融发展水平的关系，可以更加清晰地揭示出数字金融对制造业升级的长期驱动作用及其动态变化规律。

在一级指标下，该指数还包括 12 个二级指标，具体涵盖了数字金融的不同领域或方面，如支付、货币基金、信贷、保险、投资、信用等。此外，该指数还包括 33 个三级指标，三级指标是对二级指标的进一步分解，具体衡量了各个领域的具体表现或特征，如支付笔数、货币基金规模、信贷余额、保险渗透率、投资活跃度等，具体指标如表 4-1 所示。

表 4-1 数字金融指标体系

一级指标	二级指标	三级指标
覆盖广度	账户覆盖度	每万人拥有支付宝账号数量
		支付宝绑卡用户比例
		平均每个支付宝绑定银行卡数
使用深度	支付	人均支付笔数
		人均支付金额
		高频度（年活跃 50 次及以上）活跃用户数占年活跃 1 次及以上用户数比

续表

一级指标	二级指标	三级指标
使用深度	货币基金	人均购买余额宝笔数
		人均购买余额宝金额
		每万名支付宝用户购买余额宝人数
	个人消费贷	每万名支付宝成年用户中有互联网消费贷用户数
		人均贷款笔数
		人均贷款金额
	小微经营者	每万名支付宝成年用户中有互联网小微经营贷的用户数
		小微经营者户均贷款笔数
		小微经营者户均贷款金额
	保险	每万名支付宝用户被保险用户
		人均保险笔数
		人均保险金额
	投资	每万名支付宝用户参与互联网投资人数
		人均投资金额
		人均投资笔数
	信用	自然人信用人均调用次数
		每万名支付宝用户使用基于信用服务用户数
数字化程度	移动化	移动支付笔数占比
		移动支付金额占比
	实惠化	小微经营者平均贷款利率
		个人平均贷款利率

续表

一级指标	二级指标	三级指标
数字化程度	信用化	花呗支付笔数占总支付笔数比例
		花呗支付金额占总支付笔数比例
		芝麻信用免押笔数占总支付笔数比例
		芝麻信用免押金额占总支付笔数比例
	便利化	二维码支付笔数占总支付笔数比例
		二维码支付金额占总支付笔数比例

2. 数字金融指数计算结果

本研究遵循 4.1 节所阐述的指数构建方法，得到各省份数字金融发展水平的总指数。具体结果如表 4 - 2 所示。

总的来看，2012 ~ 2022 年间，中国各省份的数字金融发展水平指数呈现出持续攀升的强劲态势，这表明全国范围内数字化转型加速推进和数字金融体系日益完善。在这一发展过程中，上海、浙江和北京凭借其雄厚的经济基础、丰富的人才资源以及前瞻性的政策布局，始终在数字金融发展水平上领跑全国，稳居前三甲。与此同时，贵州、甘肃、青海等省份由于地理位置、经济基础、教育资源等多方面因素的制约，其数字金融发展水平相对滞后。

从增长速度的角度看，数字金融发展水平较高的省份如广东、北京、上海等，虽然整体指数依然保持增长，但增速相对放缓。相比之下，贵州、甘肃等原本数字金融发展水平基数较低的省份，则展现出了强劲的增长势头（见表 4 - 3）。

表 4－2　　省域数字金融发展水平指数

省份	2012 年	2013 年	2014 年	2015 年	2016 年	2017 年	2018 年	2019 年	2020 年	2021 年	2022 年	均值
上海	150.77	222.14	239.53	278.11	282.22	336.65	377.73	410.28	431.93	458.97	460.69	310.77
北京	150.65	215.62	235.36	276.38	286.37	329.94	368.54	399.00	417.88	445.44	452.83	304.79
浙江	146.35	205.77	224.45	264.85	268.10	318.05	357.45	387.49	406.88	434.61	440.04	294.29
江苏	122.03	180.98	204.16	244.01	253.75	297.69	334.02	361.93	381.61	412.92	424.06	273.27
福建	123.21	183.10	202.59	245.21	252.67	299.28	334.44	360.51	380.13	410.31	420.75	272.83
广东	127.06	184.78	201.53	240.95	248.00	296.17	331.92	360.61	379.53	406.53	416.36	271.91
天津	122.96	175.26	200.16	237.53	245.84	284.03	316.88	344.11	361.46	395.73	407.30	262.65
湖北	101.42	164.76	190.14	226.75	239.86	285.28	319.48	344.40	358.64	391.90	398.81	255.10
海南	102.94	158.26	179.62	230.33	231.56	275.64	309.72	328.75	344.05	375.35	382.28	247.01
山东	100.35	159.30	181.88	220.66	232.57	272.06	301.13	327.36	347.81	380.68	390.38	246.06
重庆	100.02	159.86	184.71	221.84	233.89	276.31	301.53	325.47	344.76	373.22	382.23	245.48
安徽	96.63	150.83	180.59	211.28	228.78	271.60	303.83	330.29	350.16	384.62	393.32	244.58
陕西	98.24	148.37	178.73	216.12	229.37	266.85	295.95	322.89	342.04	374.16	381.29	241.25
辽宁	103.53	160.07	187.61	226.40	231.41	267.18	290.95	311.01	326.29	357.23	365.25	239.19
四川	100.13	153.04	173.82	215.48	225.41	267.80	294.30	317.11	334.82	363.61	371.61	238.11

续表

省份	2012年	2013年	2014年	2015年	2016年	2017年	2018年	2019年	2020年	2021年	2022年	均值
江西	91.93	146.13	175.69	208.35	223.76	267.17	296.23	319.13	340.61	372.17	378.83	237.48
河南	83.68	142.08	166.65	205.34	223.12	266.92	295.76	322.12	340.81	374.37	382.39	235.97
湖南	93.71	147.71	167.27	206.38	217.69	261.12	286.81	310.85	332.03	362.36	371.95	232.55
山西	92.98	144.22	167.66	206.30	224.81	259.95	283.65	308.73	325.73	359.70	366.07	231.10
广西	89.35	141.46	166.12	207.23	223.32	261.94	289.25	309.91	325.17	355.11	362.02	230.40
河北	89.32	144.98	160.76	199.53	214.36	258.17	282.77	305.06	322.70	352.44	360.65	226.93
内蒙古	91.68	146.59	172.56	214.55	229.93	258.50	271.57	293.89	309.39	344.76	353.90	226.35
云南	84.43	137.90	164.05	203.76	217.34	256.27	285.79	303.46	318.48	346.93	354.71	224.84
黑龙江	87.91	141.40	167.80	209.93	221.89	256.78	274.73	292.87	306.08	341.14	347.59	223.47
宁夏	87.13	136.74	165.26	214.70	212.36	255.59	272.92	292.31	310.02	344.86	356.63	223.32
吉林	87.23	138.36	165.62	208.20	217.07	254.76	276.08	292.77	308.26	339.41	343.67	221.33
新疆	82.45	143.40	163.67	205.49	208.72	248.69	271.84	294.34	308.35	341.77	342.66	219.31
贵州	75.87	121.22	154.62	193.29	209.45	251.46	276.91	293.51	307.94	340.80	344.68	215.68
甘肃	76.29	128.39	159.76	199.78	204.11	243.78	266.82	289.14	305.50	341.16	345.22	214.90
青海	61.47	118.01	145.93	195.15	200.38	240.20	263.12	282.65	298.23	329.89	329.75	206.93

表 4 - 3　2012～2022年省域数字金融发展水平增速

单位:%

省份	2012年	2013年	2014年	2015年	2016年	2017年	2018年	2019年	2020年	2021年	2022年	均值
贵州	89.71	43.13	9.15	17.43	3.61	15.22	11.70	8.27	4.73	6.60	1.66	19.20
甘肃	89.11	40.60	9.08	18.00	1.23	18.63	12.39	8.40	5.00	6.82	1.25	19.14
新疆	96.57	48.31	12.81	19.52	3.99	17.31	12.21	8.35	5.44	8.20	2.70	21.40
青海	99.50	48.61	10.64	21.04	3.04	18.45	11.75	7.80	5.44	7.94	2.54	21.52
吉林	82.87	45.43	9.06	19.56	2.92	19.42	12.07	8.64	5.25	7.11	2.42	19.52
云南	102.97	42.53	14.21	18.67	3.50	15.54	11.57	8.59	5.04	9.48	2.92	21.37
内蒙古	154.70	62.45	15.40	19.25	5.78	18.94	11.99	7.80	4.13	9.28	1.76	28.32
河南	125.94	53.74	13.50	28.23	0.53	19.04	12.36	6.15	4.65	9.10	1.85	25.01
江西	160.31	58.74	14.17	21.32	5.40	16.98	10.69	8.71	6.25	9.45	2.55	28.60
安徽	138.77	59.83	15.54	20.10	5.43	18.14	9.13	7.94	5.93	8.25	2.41	26.50
湖南	192.20	56.09	19.73	16.99	8.28	18.72	11.87	8.71	6.02	9.84	2.26	31.88
宁夏	139.84	51.03	20.46	20.92	6.13	16.34	10.91	9.10	5.93	9.39	1.91	26.54
河北	139.15	54.61	17.20	20.68	2.21	15.46	8.90	6.90	4.91	9.48	2.24	25.61
山西	149.33	52.84	13.58	23.97	4.61	18.80	9.90	7.75	5.59	8.60	2.20	27.01
广西	209.11	58.96	20.23	18.59	7.39	19.40	10.88	7.73	6.73	9.27	1.79	33.64

续表

省份	2012年	2013年	2014年	2015年	2016年	2017年	2018年	2019年	2020年	2021年	2022年	均值
黑龙江	194.65	69.79	17.29	23.22	8.66	19.63	10.80	8.91	5.80	9.85	2.14	33.70
山东	186.75	57.62	13.24	23.38	5.48	19.95	9.84	8.38	6.81	9.13	2.64	31.20
湖北	178.30	55.11	16.25	23.05	8.97	15.63	9.12	8.84	5.51	10.43	1.77	30.27
四川	163.65	58.32	17.43	24.75	7.77	17.29	10.43	7.14	4.92	9.21	1.95	29.35
陕西	175.51	62.32	10.88	24.12	7.43	20.44	9.53	7.88	5.78	9.22	2.33	30.49
重庆	217.34	59.89	17.72	24.33	7.17	12.43	5.05	8.22	5.28	11.43	2.65	33.77
辽宁	238.94	63.33	18.96	24.21	6.66	17.91	11.52	6.18	4.95	8.93	2.24	36.71
海南	161.79	60.85	18.67	25.11	5.70	15.73	6.99	6.60	4.51	11.46	1.89	29.03
福建	178.28	56.94	20.86	29.92	-1.09	20.36	6.78	7.10	6.06	11.24	3.41	30.90
江苏	255.90	58.62	19.70	25.71	4.26	17.36	8.36	6.05	5.29	10.11	1.25	37.51
天津	305.36	73.92	14.14	25.55	1.57	19.15	9.31	8.28	4.76	10.84	0.26	43.01
广东	310.77	59.77	27.55	25.01	8.36	20.05	10.12	6.00	4.91	10.67	1.14	44.03
上海	304.94	68.29	24.43	25.05	2.17	19.43	9.45	8.36	5.66	11.67	1.19	43.70
北京	322.50	67.96	25.03	29.51	9.85	19.95	11.71	7.09	5.70	10.17	2.17	46.12
浙江	235.35	91.98	23.66	33.73	2.68	19.87	9.54	7.42	5.51	10.62	0.04	40.03

4.2.2 数字金融的时序演进特征

本小节旨在构建多尺度的分析框架，深入剖析数字金融指数的时序演进特征，研究时综合了箱型图、Kernel 核密度估计曲线、Excel 时间演化曲线等方法，从全国尺度、区域尺度和省域尺度等多个视角探讨数字金融在时间序列上的总体变化趋势，并基于省域尺度探讨省域数字金融的多种演化类型，寻求数字金融发展的主要演化类型。

1. 全国尺度

由数字金融指数发展箱型图可知，2012 ~ 2022 年的 11 年间，全国层面数字金融发展水平均值呈现持续攀升的态势，省域之间数字金融发展差距也在逐步扩大（见图 4 - 1）。为进一步分析全国层面数字金融发展水平的分布情况，本书选择 2012 年、2017 年、2022 年 3 个节点年份，采用 Kernel 核密度估计曲线考察全国层面数字金融发展水平的分布形态、峰值、位置和延伸性等的变化情况，描述其时序演进规律和分布特征（见图 4 - 2）。

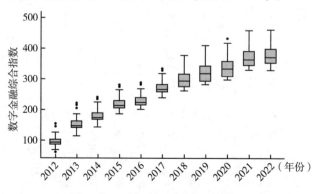

图 4 - 1　数字金融指数箱型图

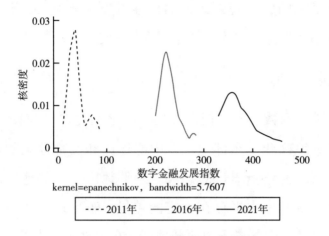

图 4－2　数字金融指数核密度图

　　图 4－2 从整体上描述了全国层面数字金融发展水平的动态演变态势。具体来讲：（1）从形状上来看，全国层面数字金融发展水平的核密度曲线均呈现出明显的右偏分布特征。这种右偏分布表明，在衡量数字金融发展水平的分布曲线上，大多数城市聚集在较低的发展水平上，而达到或超过较高发展水平标准的城市则相对较少，主要集中在曲线右侧的"稀疏区"。这说明我国在推动数字金融方面取得了整体进展，但这种进步并没有均匀分布到所有城市。（2）从峰度上看，全国层面数字金融发展水平核密度曲线的主峰峰值不断降低，省域之间的数字金融发展水平差异逐渐增大。即一部分地区在数字金融方面取得了显著进展，而另一部分地区则相对滞后，导致整体数据分布的离散性增强。（3）从位置上看，核密度曲线水平宽度变宽，右尾明显变长，并不断向右移动，表明全国层面数字金融发展水平在稳步提升，有更多的城市或地区加入了高发展水平的行列。这主要得益于我国《推进普惠金融发展规划（2016～2020 年）》、2016 年发布的《G20 数字普

惠金融高级原则》等规划政策的良性引导，全国层面数字金融广度和深度不断加深，数字金融建设不断完善。

2. 区域尺度

由区域层面数字金融指数发展的时序演化图（见图4－3）可知，2012～2022年，东部地区、中部地区和西部地区的数字金融发展水平表现为稳步增长的态势。东部地区、中部地区和西部地区的数字金融发展水平存在一定的差异，东部地区的数字金融发展水平相对来说要领先于中西部地区。东部地区、中部地区和西部地区的数字金融发展指数分别由2012年的121.74、91.94、84.63增加到2022年的410.96、372.83、354.95，年均增长率分别为23.76%、30.55%、31.94%，西部地区增幅最大。值得注意的是，西部地区数字金融发展水平从2015年开始迅速上升，与中部地区差距逐步缩小，这可能是由于"一带一路"倡议等国家政策的实施为西部地区带来了更多的发展机遇，促进了数字金融在西部地区的应用和推广。

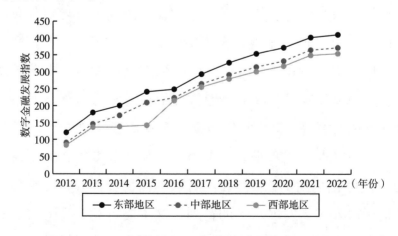

图4－3　区域层面数字金融指数发展的时序演化

4.2.3　数字金融的空间差异特征

为了进一步探究数字金融发展水平的空间演变特征，本书选取 2012 年、2017 年、2022 年数字金融综合评价指数进行空间分析。研究采用 ArcGIS10.2 自然断裂法将 2012 年、2017 年、2022 年数字金融综合评价指数由高到低划分为高发展水平、较高发展水平、中等发展水平、较低发展水平和低发展水平五个等级。

表 4-4 揭示了我国 2012 年数字金融发展态势，深刻反映了区域间发展的不均衡性与显著的两极分化现象。东部地区，作为改革开放的前沿阵地和经济发展的"领头羊"，其数字金融展现出蓬勃生机与强劲动力，不仅体现在整体发展水平的遥遥领先，更在于核心城市如上海、北京的卓越表现。这些城市凭借其雄厚的经济基础、完善的信息基础设施、丰富的科技资源以及活跃的创新创业环境，成为了数字金融发展的高地。江苏、浙江、福建、广东等沿海省份也不甘落后，纷纷以超过 120 的指数值，展现出数字金融蓬勃发展的良好态势，形成了多个数字金融产业集群和增长极。相比之下，西部地区则面临着较大的发展挑战，贵州、甘肃、青海等地地理位置偏远、经济基础薄弱、信息技术普及程度较低等因素，导致数字金融发展相对滞后，处于低水平区域。尽管云南、宁夏等西部地区的重要城市在整体经济发展上相对突出，但由于历史原因和数字金融基础设施建设起步较晚，短期内仍难以摆脱低水平发展的困境，亟须加大投入，加快转型升级步伐。值得注意的是，东部地区的数字金融发展也并非一片繁荣景象，海

南和河北等地由于历史遗留问题、产业结构单一或转型升级滞后等原因,其数字金融发展同样面临瓶颈,水平相对较低。这提醒我们,即便在整体发展领先的区域内部,也需关注并解决区域间、城市间的发展不平衡问题。而东北地区,作为曾经的重工业基地,吉林和黑龙江的数字金融发展水平低于90,更是凸显了转型的艰难与迫切。人口的持续外流、高端人才的流失、先进企业和科技公司的稀缺,加之传统产业结构固化,缺乏对新兴产业的有效支撑,共同导致了该地区数字金融发展的滞后。面对这一现状,东北地区亟须通过政策引导、创新驱动、人才引进等多种手段,加快产业结构调整和转型升级,重振经济活力,提升数字金融水平。

表4-4 2012年省域数字金融发展水平等级

数字金融发展水平	省域
高发展水平	北京、福建、广东、江苏、辽宁、上海、天津、浙江
较高发展水平	海南、山东、安徽、湖北、陕西、四川、重庆
中等发展水平	河北、湖南、江西、山西、广西、内蒙古
较低发展水平	河南、黑龙江、吉林、宁夏、新疆、云南
低发展水平	甘肃、贵州、青海

表4-5展示了我国2017年数字金融发展水平指数分布情况。表4-5中,东部地区作为数字金融发展的先行者,继续保持着领先地位。其中,广东省凭借其珠三角一体化的强大经济引擎,成功实现了数字金融的快速扩张与辐射效应,不仅自身数字金融水平显著提升,还带动了周边城市的协同发展,与北京、上海、浙江

共同构成了数字金融的第一梯队，展现了强大的区域带动能力和
发展潜力。与此同时，中西部地区在全国数字化建设的大潮中也
不甘落后，积极拥抱数字金融变革，实现了发展水平的较大跨越。
中部地区的湖北省，通过政策引导、项目扶持等多种方式，推动
了数字金融与传统产业的深度融合，不仅提升了自身的数字金融
水平，也为中部地区的整体发展注入了新的活力。西部地区的四
川、重庆等地，则充分利用成渝城市群协同发展的战略机遇，通
过加强区域合作、优化营商环境、吸引外部投资等措施，成功吸
引了包括惠普在内的众多科技公司入驻，为当地数字技术的发展
提供了强有力的支持。

表 4 – 5　　　　　**2017 年省域数字金融发展水平等级**

数字金融发展水平	省域
高发展水平	北京、浙江、上海、广东
较高发展水平	福建、江苏、天津、湖北、重庆
中等发展水平	海南、辽宁、山东、安徽、河南、江西、陕西、四川
较低发展水平	河北、黑龙江、湖南、吉林、山西、广西、贵州、内蒙古、宁夏、云南
低发展水平	甘肃、贵州、青海

表 4 – 6 呈现的各省份 2022 年数字金融发展水平分布情况显
示，我国数字金融在持续稳健发展的同时，也呈现出一些新的特
点与趋势。从整体上看，发展格局与以往保持相对稳定，但长江
经济带省份的异军突起成为了一个显著亮点。然而，在整体向好
的背景下，数字金融发展中的不平衡问题依然存在。表 4 – 6 显示，

处于倒数第一阶梯的省份数量为6个，这些省份虽然取得了一定的发展成果，但与东部及长江经济带的高水平地区相比，仍存在一定的差距。这表明，在未来的发展中，需要更加注重区域间的协同发展，加大对中西部地区和相对落后地区的支持力度，促进数字金融资源的均衡配置与共享，以实现全国范围内的数字金融均衡发展。

表4-6 2022年省域数字金融发展水平等级

数字金融发展水平	省域
高发展水平	北京、浙江、上海、广东、福建、江苏
较高发展水平	天津、海南、山东、安徽、河南、湖北、陕西、重庆
中等发展水平	辽宁、湖南、江西、山西、四川
较低发展水平	河北、广西、内蒙古、宁夏、云南
低发展水平	吉林、黑龙江、甘肃、贵州、青海、新疆

总的来说，从表4-4～表4-6可以看出，2012～2022年，东部地区数字金融发展水平等级较高，说明东部地区数字金融发展水平一直处于领先地位，其凭借优越的地理位置、完善的基础设施、丰富的人才资源以及高度开放的市场环境，为数字金融的蓬勃发展提供了肥沃土壤。其中，山东作为传统经济大省，在数字化转型中展现出惊人的潜力与速度，通过大力推进智能制造、电子商务及大数据应用，实现了数字金融水平的显著提升。天津与安徽也通过政策引导、产业升级与技术创新，加速融入数字金融浪潮，成为东部地区数字经济发展的新亮点。北京、上海和广东，作为中国经济最为发达的地区，更是数字金融发展的"领头

羊"，引领着全国乃至全球的数字化进程。北京依托其强大的科
研实力与创新生态，构建了世界级的数字金融高地；上海则以其
国际金融中心和国际航运中心的独特地位，推动数字金融与实体
经济深度融合，打造智慧城市新标杆；广东，尤其是深圳和广
州，凭借其在电子信息产业、互联网科技及跨境电商等领域的领
先地位，持续引领数字金融的创新发展。相比之下，中部地区在
数字金融领域的表现虽不及东部耀眼，但亦不乏亮点。湖北省凭
借"光电子信息产业"的深厚基础与"武汉光谷"的品牌效应，
在数字金融领域异军突起，成为中部地区数字金融发展的"领头
羊"。然而，江西、湖南和山西等省份的数字金融发展则显得
步伐较为缓慢，面临产业结构调整、技术创新不足等挑战。西
部地区，尤其是四川和重庆，依托成渝城市群的战略地区优
势，积极实施创新驱动发展战略，通过大量引进科技创新和互
联网企业，推动数字金融与实体经济深度融合，实现了数字金
融水平的显著提升，成为西部地区数字金融发展的典范。然
而，新疆、甘肃、广西等地区由于区位偏远、自然资源相对单
一、高端人才匮乏等因素的限制，数字金融发展相对滞后，仍
需加大政策扶持与资源投入，以突破瓶颈，迎头赶上。综上所
述，2012～2022 年，中国各地区在数字金融发展上呈现出不均
衡但整体向好的态势，东部地区持续领跑，中部地区奋力追
赶，西部地区则依托各自优势与特色，积极探索适合自身发展
的数字金融发展道路。

4.3　制造业升级的综合测度与时空特征

4.3.1　制造业升级的综合测度

1. 制造业升级指标体系构建

根据前文对制造业升级的阐述，制造业升级内涵远不止于表面现象，而是多维度、深层次的综合体现。具体而言，制造业升级主要体现在高端化、绿色化和智能化三个维度。鉴于单一指标在衡量制造业升级发展方面的局限性，本书选择构建指标体系测度制造业升级情况。

2021 年 8 月，中国企业改革与发展研究会在深入洞察国内外经济新趋势、积极回应国家发展战略的背景下，发布了一套全面而细致的企业高质量发展评价指标体系。这一体系不仅是对企业综合实力的全方位考量，更是引导企业转型升级、迈向高质量发展阶段的重要指南。它创新性地从效益发展、创新发展、市场发展、绿色发展以及社会责任五大维度出发，构建了科学、系统的评估框架，旨在全面衡量企业在经济、科技、市场、环境和社会责任等多方面的表现与贡献。在创新发展方面，评价体系特别强调了企业研发投入、技术创新能力、专利拥有量及成果转化能力等关键指标；市场发展维度则聚焦于企业的市场拓展能力、品牌影响力、客户满意度及市场占有率等方面；绿色发展方面则强调了企业节能减排措施、资源循环利用效率、环保投入及绿色产品占比等，旨在引导企业走低碳环保、循环经济的道路，促进经济社会与生态环境的和谐共生。

已有文献也指出，制造业升级发展是一个动态演进过程，其不仅体现在产业价值增值，还体现在产业技术创新、产业效率提升和产业结构优化等多方面综合能力提升。然而，当前研究多采用单一指标衡量制造业升级，但用单一指标衡量制造业升级发展存在局限性，无法全面反映制造业升级的全部内涵。因此，本书基于前文对制造业升级的概念界定，确立了制造业转型升级测度的三大指标：高端化、绿色化、智能化。同时，综合考虑制造业升级的动态性特征，借鉴陶爱萍等（2018）关于测度制造业高端化水平的研究成果，筛选出符合要求的9个二级指标构建制造业高端化水平的综合评价指标体系。具体指标体系如表4-7所示。

表4-7　　　　　　　　**制造业升级的测度指标体系**

一级指标	二级指标	计算方式
高端化	中高端产品占比	中高端产品数/制造企业产成品数
	高技术制造业主营业务收入	高技术制造业主营业务收入/规模以上工业主营业务收入
	高技术企业数量	高技术企业数量/规模以上工业企业数量
绿色化	单位工业增加值能耗	能源消耗总量/工业增加值
	单位工业产值废气排放量	工业废气排放总量/工业总产值
	单位工业产值废水排放量	工业废水排放总量/工业总产值
智能化	产品智能化	嵌入式系统收入/制造业主营业务收入
	服务智能化	信息技术服务收入/制造业主营业务收入
	管理智能化	软件产品收入/制造业主营业务收入

2. 制造业升级综合计算结果

基于上述丰富的数据源，本研究遵循上一节所阐述的指数构建方法，设计了针对30个样本省份的制造业升级指数体系，该体系包含了高端化、绿色化、智能化三个核心维度的分指数，得到各省份制造业升级水平的总指数（见表4-8）。

由表4-8可知，我国省域制造业升级水平存在明显差异。第一方阵的上海、江苏、广东等地区，作为我国经济最为发达、对外开放程度最高的区域，其制造业升级水平遥遥领先，总指数得分均在0.3以上，已实现了高度升级；第二方阵，如北京、山东、浙江等，在制造业升级上稍逊于第一梯队，总指数得分均在0.1以上，说明具有较大的发展潜力；第三方阵，包括安徽、湖北、辽宁等省份，制造业升级面临一定挑战，总指数得分相对偏低，在0.06~0.1；第四方阵的内蒙古、黑龙江、贵州等地受制于地理位置偏远、经济基础薄弱、科技创新能力不足等因素，制造业升级水平相对滞后，总指数得分均在0.06以下。

4.3.2 制造业升级的时序演进特征

本小节旨在构建多尺度的分析框架，深入剖析制造业升级的时序演化特征，研究时综合了箱型图、Kernel核密度估计曲线、Excel时间演化曲线等方法，从全国尺度、区域尺度等两个视角探讨制造业升级在时间序列上的总体变化趋势，并基于省域尺度探讨省域制造业升级的多种演化类型，寻求制造业升级发展的主要演化类型。

表 4 - 8　30 省份制造业升级水平总指数

省份	2012 年	2013 年	2014 年	2015 年	2016 年	2017 年	2018 年	2019 年	2020 年	2021 年	2022 年	均值
北京	0.136	0.155	0.168	0.174	0.176	0.179	0.203	0.214	0.222	0.237	0.273	0.194
天津	0.036	0.140	0.145	0.152	0.152	0.114	0.111	0.099	0.101	0.099	0.104	0.114
河北	0.047	0.047	0.060	0.074	0.061	0.056	0.061	0.090	0.070	0.068	0.078	0.065
山西	0.039	0.040	0.049	0.041	0.039	0.046	0.060	0.056	0.059	0.055	0.058	0.049
内蒙古	0.040	0.034	0.052	0.057	0.041	0.042	0.044	0.043	0.037	0.033	0.043	0.042
辽宁	0.096	0.094	0.100	0.100	0.062	0.062	0.076	0.077	0.076	0.072	0.083	0.082
吉林	0.034	0.035	0.037	0.041	0.040	0.042	0.045	0.039	0.040	0.040	0.043	0.040
黑龙江	0.035	0.033	0.041	0.040	0.038	0.040	0.038	0.038	0.026	0.028	0.038	0.036
上海	0.274	0.277	0.272	0.289	0.291	0.310	0.309	0.307	0.334	0.329	0.354	0.304
江苏	0.301	0.327	0.344	0.339	0.356	0.367	0.397	0.442	0.428	0.488	0.547	0.394
浙江	0.113	0.119	0.132	0.142	0.140	0.149	0.152	0.170	0.181	0.214	0.255	0.161
安徽	0.053	0.057	0.072	0.074	0.086	0.103	0.108	0.116	0.121	0.131	0.148	0.097
福建	0.077	0.082	0.095	0.098	0.100	0.096	0.103	0.112	0.114	0.125	0.150	0.105
江西	0.049	0.049	0.054	0.056	0.063	0.063	0.067	0.073	0.075	0.080	0.092	0.066
山东	0.115	0.125	0.143	0.177	0.163	0.182	0.184	0.174	0.182	0.213	0.222	0.171

续表

省份	2012 年	2013 年	2014 年	2015 年	2016 年	2017 年	2018 年	2019 年	2020 年	2021 年	2022 年	均值
河南	0.055	0.066	0.090	0.099	0.099	0.117	0.114	0.113	0.126	0.123	0.142	0.104
湖北	0.053	0.058	0.064	0.073	0.078	0.093	0.089	0.094	0.106	0.117	0.146	0.088
湖南	0.046	0.051	0.057	0.058	0.066	0.065	0.067	0.071	0.081	0.085	0.104	0.068
广东	0.422	0.459	0.510	0.519	0.550	0.578	0.638	0.694	0.733	0.776	0.894	0.616
广西	0.031	0.030	0.036	0.041	0.048	0.048	0.047	0.050	0.054	0.066	0.084	0.048
海南	0.037	0.035	0.033	0.035	0.033	0.033	0.037	0.031	0.028	0.037	0.040	0.034
重庆	0.052	0.067	0.097	0.112	0.107	0.096	0.095	0.108	0.110	0.127	0.140	0.101
四川	0.083	0.086	0.098	0.104	0.095	0.094	0.112	0.136	0.146	0.175	0.192	0.120
贵州	0.024	0.025	0.029	0.029	0.028	0.034	0.033	0.035	0.039	0.040	0.041	0.032
云南	0.030	0.035	0.039	0.041	0.038	0.032	0.033	0.036	0.038	0.042	0.046	0.037
陕西	0.058	0.064	0.073	0.080	0.088	0.097	0.105	0.117	0.138	0.148	0.174	0.104
甘肃	0.024	0.027	0.028	0.027	0.021	0.026	0.028	0.028	0.027	0.027	0.035	0.027
青海	0.015	0.014	0.012	0.012	0.012	0.016	0.014	0.014	0.014	0.012	0.016	0.014
宁夏	0.020	0.019	0.021	0.025	0.023	0.026	0.022	0.019	0.020	0.020	0.026	0.022
新疆	0.026	0.023	0.027	0.031	0.021	0.021	0.024	0.026	0.025	0.022	0.030	0.025

1. 全国尺度

从制造业升级箱型图的详细分析来看，2012～2022 年，全国层面制造业升级的均值呈现出总体持续增长的态势（见图 4-4）。这表明，随着经济的发展、居民生活水平的提高以及工业基础设施的不断完善，制造业持续升级发展。2012～2015 年，虽然制造业升级数据值有所波动，但整体增幅较为平缓，可能表示这一阶段的制造业升级正处于起步或初步发展阶段。从 2016 年开始，制造业升级均值显著增加，表明制造业升级的速度加快，进入了一个快速发展期。这可能与政策推动、技术创新、市场需求增加等多种因素有关。

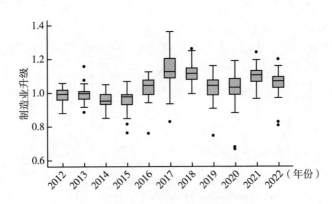

图 4-4　制造业升级箱型图

为进一步分析全国层面制造业升级的分布情况，本书选择 2012 年、2017 年、2022 年 3 个节点年份，采用 Kernel 核密度估计曲线考察全国层面制造业升级发展水平的分布形态、峰值、位置和延伸性等的变化情况，描述其时序演进规律和分布特征（见图 4-5）。图 4-5 不仅直观展现了制造业升级在时间序列上的演进路径，还通过核密度曲线的位置变化，清晰勾勒出中国各省份在这一领域的发展轨迹。具体而言：（1）在移动位置上，核密度曲线呈现"先右移后左移"趋势，这表明发展初期，受益于技术创新、政策扶持、市场需求增加等多种因素，制造业快速发展；然而，在发展的后期，技术瓶颈、市场需求下滑、成本上升等因素可能限制了制造业企业的升级步伐，导致整体升级水平出现下降或放缓。（2）在分布形态上，波峰高度先减小后增大，峰宽先增大后减小，表明在资源重新配置过程中，部分省份率先突破，而整体差距的短暂缩小则是区域协同发展战略初见成效的体现。（3）从波峰数量上看，波峰由单峰转变为双峰，这表明，在发展的后期，制造业升级的发挥水平呈现分化趋势，部分省份凭借特定优势（如技术创新、政策支持等）实现了快速发展，与其余省份形成了明显的"两极"。

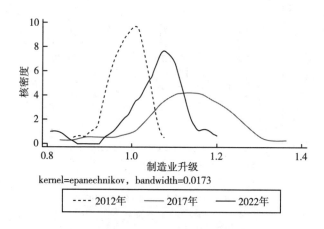

图 4-5　制造业升级核密度图

2. 区域尺度

由区域层面制造业升级的时序演化图（见图 4-6）可知，2012～2022 年，东部地区、中部地区和西部地区的制造业升级水平表现为稳步增长的态势，东部地区、中部地区和西部地区的制造业升级水平存在一定的差异，东部地区的制造业升级水平相对来说要领先于中西部地区。具体而言，东部地区凭借其优越的地理位置、丰富的资源禀赋、完善的产业基础和较强的创新能力，制造业高质量发展水平始终领跑全国，不仅成为技术创新的策源地，也成为产业升级的先行区。相比之下，中部和西部地区虽在制造业发展上取得了一定进步，但受限于历史基础、人才储备、资金投入及市场开放度等多方面因素，其高质量发展水平仍落后于全国平均水平。

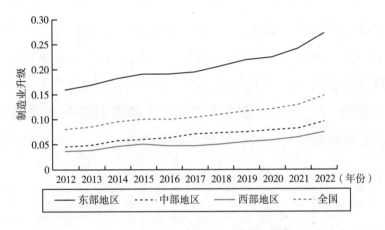

图 4-6　区域层面制造业升级的时序演化

4.3.3　制造业升级的空间差异特征

为了进一步探究制造业升级发展水平的空间演变特征，本书选取 2012 年、2017 年、2022 年制造业升级综合评价指数进行空间可视化分析。研究采用 ArcGIS10.2 自然断裂法将 2012 年、2017年、2022 年制造业升级综合评价指数由低到高划分为五个等级。

　　根据表4-9可知，2012年中国的制造业升级水平第一梯队包括上海与北京。作为全国的经济中心与国际大都市，上海和北京以其得天独厚的地理位置、高度发达的经济体系以及完善的基础设施建设，成为制造业转型升级进程中的先锋与标杆。第二梯队包括浙江、江苏、广东、福建、山东等经济强省与沿海发达地区。作为中国经济版图上的重要板块，这些省份以雄厚的经济实力、活跃的民营经济以及先进的制造业集群共同构成了第二梯队。第三梯队涵盖了安徽、河南、湖北、陕西、天津等10个省份，它们各具特色，发展路径也不尽相同。例如，天津作为北方经济中心，正加快转型升级步伐；湖北依托"中部崛起"战略，经济快速增长。这些地区虽在制造业转型道路上取得了一定进展，但仍需克服各自的发展瓶颈，实现更高质量的发展。第四、第五梯队主要包括西部地区的一些省份。西部大部分省份因地理位置偏远、自然条件复杂、经济基础薄弱等因素，在推进制造业转型过程中，面临着基础设施滞后、经济发展落后等多重挑战。

表4-9　　　　　　　　2012年省域制造业升级水平等级

数字金融发展水平	省域
高发展水平	北京、上海
较高发展水平	浙江、江苏、广东、福建、山东
中等发展水平	安徽、河南、湖北、四川、重庆、天津、湖南、陕西、河北、辽宁
较低发展水平	广西、海南、黑龙江、吉林、山西、云南、甘肃、贵州、内蒙古、江西
低发展水平	宁夏、青海、新疆

从表 4 – 10 可知，2017 年上海、北京两个地区的制造业升级水平仍然稳居前两名，浙江、江苏和广东也跻身于第一梯队，这些省份不仅在经济总量上占据优势，更在产业结构优化、科技创新驱动等方面展现出卓越成效。上海作为国际金融中心，其强大的金融服务业、高新技术产业以及对外开放的深度与广度，为制造业转型升级奠定了坚实基础。北京则依托其科技创新资源和政策优势，尤其是中关村等科技园区的发展，推动了经济高质量增长与制造业转型的协同发展。浙江则凭借民营经济的蓬勃发展和"数字浙江"建设，实现了经济活力与制造业高质量发展的有机结合。与此同时，江苏与广东作为第一梯队的成员，也各自展现出了独特的发展路径。江苏通过深化"强富美高"新江苏建设，加强区域协同发展，特别是在苏南、苏中、苏北三大区域间实施差异化发展战略，有效促进了制造业转型的均衡推进。而广东，作为中国改革开放的前沿阵地，通过"双区"驱动、"双城"联动，引领了全国创新发展新潮流，也为制造业转型升级提供了强大动力。

表 4 – 10　　　　　2017 年省域制造业升级水平等级

数字金融发展水平	省域
高发展水平	北京、上海、浙江、江苏、广东
较高发展水平	安徽、河南、湖北、山东、山西、四川、天津、重庆、福建
中等发展水平	湖南、江西、辽宁、河北、黑龙江、吉林
较低发展水平	广西、陕西、内蒙古、云南、贵州、甘肃、海南
低发展水平	宁夏、青海、新疆

根据表 4-11 可知，2022 年的整体发展格局和之前一致，没有太大的变化，但是沿海地区，尤其是长江三角洲地区的制造业转型升级水平快速发展。西部地区的制造业发展水平也有了显著提升，这可能是由于"西部大开发"战略使得西部地区获得了大量的政府支持和资金投入，为西部地区制造业的发展提供了坚实基础，也更好地激发了西部地区的资源优势。相比之下，中部地区转型升级发展水平虽然也在提升但是速度有所减缓，这可能是由于中部地区长期依赖煤炭、钢铁等传统重工业，这些产业在全球能源结构转型和市场需求变化中面临巨大压力。同时，与西部地区相比，中部地区在政策扶持和区域竞争上处于劣势地位。虽然国家也出台了一系列支持中部地区发展的政策，但相对于西部大开发等战略来说，中部地区的政策扶持力度和资金投入可能仍显不足。同时，中部地区还需要面对来自东部沿海地区的竞争压力，这也在一定程度上影响了其转型升级的速度。

表 4-11　　　　　2022 年省域制造业升级水平等级

数字金融发展水平	省域
高发展水平	北京、上海、浙江、江苏、广东
较高发展水平	安徽、河南、湖北、山东、山西、四川、天津、重庆、福建、湖南、江西、辽宁
中等发展水平	河北、黑龙江、吉林、广西、陕西、内蒙古
较低发展水平	宁夏、云南、贵州、甘肃、海南
低发展水平	青海、新疆

总的来说，从表 4-9 ~ 表 4-11 可知，2012 ~ 2022 年，中国制造业转型升级水平存在波动上升的趋势。制造业转型升级整体

上呈现出"东—中—西"依次递减的分布特征。具体来看，2012年，全国层面制造业升级水平整体偏低，大部分城市面临升级瓶颈。区域层面上，东部地区凭借其经济基础、开放程度及产业集聚优势，使得京津冀等城市群率先脱颖而出，展现出相对较高的制造业发展水平。而反观其他地区，尤其是东南沿海的非核心区域及中西部广大地区，则普遍存在制造业升级水平较低的现象，这反映了区域间发展的不均衡性以及制造业升级的滞后性问题。随着时间的推移，至2017年，我国城市制造业转型升级水平显著提升，成为经济发展的重要推动力。东南沿海地区凭借其开放的市场环境和丰富的劳动力资源，成为制造业升级高水平集聚区。同时，京津冀、长三角、川渝等城市群作为区域经济的增长极，通过其核心城市的辐射作用，带动周边地区制造业提质升级，形成了多层次、协同发展的良好态势。至2022年，我国制造业升级的优化进程进入了一个新阶段，中高水平区域开始出现收缩并更加集中化的趋势。这既体现了市场机制下资源自发优化的力量，也反映了政策引导下的区域协同发展战略成效显著。

4.4 本章小结

本章主要基于地理学空间异质性视角，对中国数字金融发展和制造业升级水平进行空间演变格局与变化规律的研究，为后续探索数字金融水平和制造业升级互动机理提供了重要支撑。在构建数字金融发展水平评价模型时，本书主要包括数字金融覆盖广度、使用深度和数字化程度三个层面。同样地，在构建制造业升级评价概念模型时，我们综合考量了高端化、绿色化和智能化三个维度，旨在对企业转型升级实力进行全方位考量。通过上述模型的构建与应用，本书不仅为中国数字金融发展和制造业升级水平的客观、全面评价树立了研究模型范式，还为政策制定者提供了宝贵的参考。本章在构建数字金融和制造业升级的评价模型基础上，综合采用熵权 TOPSIS 法、非参数核密度估计、箱型图、ArcGIS 空间分析等方法，并基于不同空间尺度考量了数字金融发展和制造业升级水平的时空演变特征。主要得到以下结论：

（1）在数字金融时间序列演化特征方面，2012～2022 年，数字金融发展水平呈现持续攀升的态势，东部地区、中部地区和西部地区的数字金融发展水平存在一定的差异，东部地区 > 中部地区 > 西部地区。值得注意的是，西部地区数字金融发展水平从2015 年开始迅速上升，与中部地区差距逐步缩小。

（2）在数字金融空间演化特征方面，2012～2022 年，中国各地区在数字金融发展上呈现出不均衡但整体向好的态势，东部地区持续领跑，中部地区奋力追赶，西部地区则依托各自优势与特色，积极探索适合自身发展的数字金融之路。

（3）在制造业升级的时间序列演化特征方面，2012～2022 年，东部地区、中部地区和西部地区的制造业升级水平存在一定的差异，东部地区的制造业升级水平相对来说要领先于中西部地区。具体而言，东部地区凭借其优越的地理位置、丰富的资源禀赋、完善的产业基础和较强的创新能力，制造业高质量发展水平始终领跑全国，不仅成为技术创新的策源地，也是产业升级的先行区。值得注意的是，近年来中部地区通过承接东部产业转移、加强区域合作、优化产业结构等措施，制造业高质量发展水平实现了显著提升，与全国整体水平的差距逐步缩小。

（4）在制造业升级的空间演化特征方面，中国制造业升级的时空分异格局上呈现出两大特征。第一，我国制造业升级的地域差异较大。相较于西北内陆地区，东南沿海地区凭借其优越的地理位置、开放的市场环境和活跃的经济活动，普遍展现出了更高的制造业发展水平。第二，从全国范围来看，中高效率水平区域的演化特征呈现出先扩大发散后收缩集聚的趋势。在经济发展的初期阶段，随着各地区产业结构的调整和升级，中高效率水平的区域逐渐增多，并呈现出一种发散的状态。

第5章 数字金融与制造业升级的协同关系验证

系统验证数字金融与制造业升级之间的内在关联，不仅是科学评估两者相互作用机制、量化其协同发展度的关键步骤，也是推动区域经济可持续发展、优化资源配置策略的重要基础。数字金融的诞生，不仅极大地拓宽了金融服务的覆盖范围，更深刻地改变了金融服务的提供方式，显著提高了原先因地理、经济或社会等因素限制而难以触及金融市场的制造企业的金融服务可得性和便利性。因此，本书旨在深入剖析数字金融的便捷性、通达度及服务质量如何影响制造业升级的空间分布，进而为政策制定者提供数据支持与决策依据。2022 年，中国人民银行、银保监会等部门相继出台一系列数字金融相关政策文件，详细阐述了金融科技的发展目标、重点任务、保障措施等，旨在通过科技创新推动金融服务模式、产品、流程等的变革，提升金融服务的质量和效率。在 2023 年底召开的中央金融工作会议中，数字金融被正式列为"金融五篇大文章"① 之一，这标志着数字金融在我国金融体系

① "金融五篇大文章"分别是科技金融、绿色金融、普惠金融、养老金融、数字金融。

中的重要地位得到了进一步提升。

近年来，中国制造业在技术创新方面取得了显著成就，研究与试验发展（R&D）投入持续增加，技术创新能力大大增强，基础研究和原始创新不断加强，涌现出一批高新技术重大成果，带动了一批高端制造业的发展。例如，国产大飞机 C919 的研制带动了民用航空产业布局的初步形成，新能源汽车产业进入全面市场化拓展期，工业装备行业形成完整的产业体系等，中国制造业正处于转型升级关键战略机遇期。由此引发了一系列问题的讨论：数字金融发展与制造业升级在时空关系上是否存在显著的空间关联性，如果存在，数字金融发展与制造业升级及其子维度在局部空间的聚类情况怎样？存在着什么样的发展规律？较为发达的数字金融发展水平与转型升级表现好的制造业是否存在显著的因果关系？数字金融发展与制造业高端化、绿色化和智能化等各自是否存在相互作用关系？数字金融与制造业高端化、绿色化、智能化等变量相互作用的方向和影响强度如何？

基于上述背景与研究需求，本章聚焦于探讨数字金融与制造业升级及其内在子系统之间的复杂关系。为了精准捕捉并验证这两大系统间在时间与空间维度上的关联特征，本书主要采用了双变量局部空间自相关 LISA 模型。该模型不仅能够有效识别空间上集聚或异质的区域，还能揭示出数字金融与制造业升级之间在空间上的相互依赖和制约关系，为后续分析奠定坚实的空间基础。在明确了时空关联特征后，为进一步探索两者之间的动态交互机制，本章创新性地引入了脱钩效应模型。此模型通过量化分析数字金融与制造业升级及其子维度在短期内作用关系的实时变化，帮助我们识别出在不同时间点上两者之间的"脱钩"或"耦合"状态，从而深入理解两者相互作用的瞬时效应和可能存在的转折点。

此外，为了全面揭示各变量之间长期动态相互作用关系的演变趋势，本章还采用了面板门槛回归模型。这种模型的优势在于，它允许研究者根据门槛变量的不同区间，将数据集划分为不同的子样本，并针对每个子样本应用不同的回归参数。这样的处理方式更加贴近现实中的一些经济现象，比如经济增长的阶段性特征、政策效果的阈值效应等，使得模型能够更准确地捕捉和解释这些现象背后的复杂机制。通过对面板门槛回归模型的分析，我们可以清晰地看到各变量间相互作用的路径、方向和强度，为揭示数字金融与制造业升级协同发展效应的长期趋势提供有力的支持。

5.1 研究方法

5.1.1 双变量 LISA 模型

空间自相关作为一种重要的空间统计方法，广泛应用于地理学、环境科学、生态学以及社会科学等领域，它主要用以分析空间数据中的观测值是否与其邻近位置的观测值存在统计上的依赖关系。双变量空间自相关能够有效揭示两个地理要素的空间关联特征（李平星等，2014）。

本书着重采用双变量空间自相关指数（bivariate Moran's I）探索数字金融与制造业升级及其子系统之间的空间关联特征（Anselin & Kelejian，1997）。其公式为：

$$I = \sum_{i=1}^{n} \sum_{j=1}^{n} w_{ij}(x_i - \bar{x})(y_j - \bar{y}) / s^2 \sum_{i=1}^{n} \sum_{j=1}^{n} w_{ij} \qquad (5-1)$$

式中：I 为双变量全局空间自相关系数，表示自变量 x 与因变量 y 之间的总体空间关联强度；n 为研究单元（如地区、网格等）的数量；x_i、y_j 分别表示研究单元 i 的自变量和研究单元 j 的因变量的观测值；$\bar{x}$、$\bar{y}$ 分别是自变量 x 和因变量 y 的均值；w_{ij} 为基于邻接标准（如空间距离、共享边界等）构建的空间权重矩阵的元素，表示研究单元 i 和 j 之间的空间关系强度；s^2 为样本方差。

数字金融与制造业升级双变量局部空间自相关指数（bivariate local Moran's I）的公式为：

$$I_i = z_i \sum_{j=1}^{n} w_{ij} z_j \qquad (5-2)$$

式中，I_i 为研究单元 i 的自变量与研究单元 j 制造业升级的局部空间自相关指数；z_i 和 z_j 为研究单元 i、j 观测值的方差标准化值。根据局部 Moran's I 的值和统计显著性，可以将其划分为四种局部关联类型。（1）高—高型（HH 型）：当一个区域（或研究单元）的观测值较高，并且其周围邻近区域的观测值也较高时，就会形成高高聚集。在这种情况下，局部 Moran's I 的值通常为正，并且统计上显著。（2）高—低型（HL 型）：当一个区域的观测值较高，但其周围邻近区域的观测值却较低时，就会形成高低异常。在这种情况下，局部 Moran's I 的值为负，并且统计上显著。这种类型表明该区域数字金融发展在空间上与其邻近区域的制造业升级情况存在负向的空间自相关性，即高值区域被低值区域所包围，形成一个空间上的异常点。（3）低—高型（LH 型）：当一个区域的观测值较低，但其周围邻近区域的观测值却较高时，就会形成低高异常。同样，局部 Moran's I 的值为负，并且统计上显著。这种类型也表明空间上的负向自相关性，即低值区域被高值区域所包围。（4）低—低型（LL 型）：与高高聚集相反，当一个区域的观测值较低，并且其周围邻近区域的观测值也较低时，就会形成低低聚集。局部 Moran's I 的值同样为正，但统计显著性针对的是低值区域。这种类型表明该区域与其邻近区域在空间上存在正向的空间自相关性，但关联的是低值区域。总结而言，高—高型和低—低型集聚表明研究单元 i 的数字金融发展程度与研究单元 j 的制造业升级情况呈现空间正相关关系；高—低型和低—高型集聚表明研究单元 i 的数字金融发展程度与研究单元 j 的制造业升级情况呈现空间负相关关系。

5.1.2 脱钩模型

"脱钩"的概念首倡于世界经济合作与发展组织（OECD），旨在探索并量化不同经济发展进程与资源环境压力之间关系的非同步性变化（何静等，2019）。这一概念的提出，不仅为深入理解地理要素变量间错综复杂的相互作用机制开辟了新视角，还极大地丰富了可持续发展研究的理论框架。齐绍洲等（2015）和刘爱东等（2014）的研究均表明，"脱钩"分析在揭示经济增长与环境压力之间关系演变规律方面发挥了重要作用，为制定更加科学合理的产业政策和经济发展战略提供了重要的政策启示和贡献。但鲜少有研究在数字金融与产业升级领域采用脱钩模型，因此，数字金融与制造业升级及其子维度之间的相互作用关系还有待进一步探究。Tapio 脱钩模型通过引入弹性分析的概念（Tapio，2005），巧妙地规避了传统脱钩分析方法中不同指标量纲差异可能带来的问题（周银香，2016）。这一模型不仅允许直接比较不同量级的变量之间的关系变化，还能够在不丧失信息准确性的前提下，深入探究变量之间脱钩状态的动态演变过程（齐绍洲等，2015）。鉴于Tapio 脱钩模型的这些优势，本书选择创新性地引入该模型，旨在系统而深入地分析数字金融与制造业升级及其各子系统之间的复杂关系。

本书基于 Tapio 脱钩理论模型，分别构建数字金融与制造业绿色化、制造业高端化、制造业智能化之间的脱钩效应关系模型。数字金融与制造业升级及其子系统脱钩关系的计算关系如式（5 - 3）~式（5 - 6）所示。

$$DE_{制造业升级} = \frac{\Delta UP/UP_t}{\Delta DF/DF_t} \quad\quad (5-3)$$

式中，$\Delta UP = UP_{t+1} - UP_t$，$\Delta DF = DF_{t+1} - DF_t$，$DE$ 表示脱钩弹性系数，UP 表示制造业升级，DF 表示数字金融。

$$DE_{制造业绿色化} = \frac{\Delta GUP/GUP_t}{\Delta DF/DF_t} \qu\quad (5-4)$$

式中，$\Delta GUP = GUP_{t+1} - GUP_t$，$GUP$ 表示制造业绿色化。

$$DE_{制造业高端化} = \frac{\Delta HUP/HUP_t}{\Delta DF/DF_t} \qu\quad (5-5)$$

式中，$\Delta HUP = HUP_{t+1} - HUP_t$，$HUP$ 表示制造业高端化。

$$DE_{制造业智能化} = \frac{\Delta DUP/DUP_t}{\Delta DF/DF_t} \qu\quad (5-6)$$

式中，$\Delta DUP = DUP_{t+1} - DUP_t$，$DUP$ 表示制造业智能化。

根据脱钩弹性系数大小，将数字金融与制造业升级及其子系统的脱钩关系分为 8 种类型（Tapio，2005）。具体见表 5 - 1。

表 5 - 1   数字金融与制造业升级及其子系统脱钩类型和发展状况划分标准

脱钩类型	分类依据	含义	发展状态
扩张负脱钩	$\Delta UP (\Delta GUP, \Delta HUP, \Delta DUP) > 0$，$\Delta DF > 0$，$DE > 1.2$	制造业升级（制造业绿色化、制造业高端化、制造业智能化）发展水平随数字金融发展水平的提高以更快速度提升	相对理想
扩张连结	$\Delta UP (\Delta GUP, \Delta HUP, \Delta DUP) > 0$，$\Delta DF > 0$，$0.8 < DE < 1.2$	数字金融与制造业升级（制造业绿色化、制造业高端化、制造业智能化）发展水平以大致相同的速度增长	相对理想
弱脱钩	$\Delta UP (\Delta GUP, \Delta HUP, \Delta DUP) > 0$，$\Delta DF > 0$，$0 < DE < 0.8$	数字金融与制造业升级（制造业绿色化、制造业高端化、制造业智能化）发展水平均持续提高，制造业升级（制造业绿色化、制造业高端化、制造业智能化）发展水平提高的速度慢于数字金融的发展速度	较理想
强脱钩	$\Delta UP (\Delta GUP, \Delta HUP, \Delta DUP) > 0$，$\Delta DF > 0$，$0 < DE < 0.8$	数字金融发展水平持续提高，制造业升级（制造业绿色化、制造业高端化、制造业智能化）发展水平下降	不理想
强负脱钩	$\Delta UP (\Delta GUP, \Delta HUP, \Delta DUP) > 0$，$\Delta DF > 0$，$DE < 0$	数字金融发展负增长，制造业升级（制造业绿色化、制造业高端化、制造业智能化）发展水平持续提高	不理想

脱钩类型	分类依据	含义	发展状态
弱负脱钩	$\Delta UP(\Delta GUP, \Delta HUP, \Delta DUP) > 0$，$\Delta DF > 0$，$0 < DE < 0.8$	数字金融与制造业升级（制造业绿色化、制造业高端化、制造业智能化）发展水平均降低，制造业升级（制造业绿色化、制造业高端化、制造业智能化）发展水平提高的速度慢于数字金融的发展速度	不理想
衰退连结	$\Delta UP(\Delta GUP, \Delta HUP, \Delta DUP) > 0$，$\Delta DF > 0$，$0.8 < DE < 1.2$	数字金融与制造业升级（制造业绿色化、制造业高端化、制造业智能化）发展水平以大致相同的速度降低	不理想
衰退脱钩	$\Delta UP(\Delta GUP, \Delta HUP, \Delta DUP) > 0$，$\Delta DF > 0$，$DE < 1.2$	数字金融与制造业升级（制造业绿色化、制造业高端化、制造业智能化）发展水平均降低，制造业升级（制造业绿色化、制造业高端化、制造业智能化）发展水平提高的速度快于数字金融的发展速度	不理想

5.1.3　门槛面板模型

由于数字金融与制造业升级的相互作用机制极为复杂，并不能用单一因素或几个因素简单线性叠加展示出来。这种数字经济与制造业升级系统的运作，核心在于其内部的非线性动力学特性。非线性意味着系统对外部或内部扰动的响应不是按比例增加的，而是可能出现放大、缩小甚至相位偏移等复杂现象，导致系统行为难以预测但极具创新性。系统内部的开放性是其保持活力和适应性的关键。汉森（Hansen，1993）最先提出了门槛回归法（threshold regression methods），该方法旨在通过观测值的个体特征进行分类考察，实现对存在非线性关系的变量的合理样本分割。汉森的门槛回归模型考虑了面板数据中的个体固定效应，这是通过组内去均值的方法消除的。在消除个体固定效应后，汉森采用最小二乘法（OLS）对模型进行估计。门槛回归法能够根据观测值的个体特征将样本分为不同的组别，从而实现对非线性关系的有效捕捉。因此，本节将通过面板门槛模型和门槛效应检验，检验数字金融与制造业升级之间是否存在非线性关联。

1. 静态面板单一门槛回归模型

假设我们有一个门槛变量 h_{it} 和一个解释变量 x_{it}，其中，x_{it} 是一个 $k \times 1$ 的向量，包括 k 个解释变量，以及被解释变量 y_{it}，门槛回归模型的基本形式可以表示为：

$$y_{it} = \lambda_i + \beta_1' x_{it} I(h_{it} \leq \gamma) + \beta_2' x_{it} I(h_{it} > \gamma) + \varepsilon_{it} \quad (5-7)$$

或

$$y_{it} = \begin{cases} \lambda_i + \beta_1' x_{it} + \varepsilon_{it}, h_{it} \leq \gamma \\ \lambda_i + \beta_1' x_{it} + \varepsilon_{it}, h_{it} > \gamma \end{cases} \quad (5-8)$$

方程式（5-7）可转换为以下形式：

$$y_{it} = \lambda_i + \beta_1' x_{it}(\gamma) + \varepsilon_{it} \quad (5-9)$$

$$x_{it}(\gamma) = \begin{cases} x_{it} I(h_{it} \leq \gamma) \\ x_{it} I(h_{it} > \gamma) \end{cases} \quad (5-10)$$

在式（5-7）和式（5-10）中，$I(\cdot)$ 为指示函数，如果门槛变量的值大于或等于门槛值，那么对应的观测数据就会被归入一个部分；如果门槛变量的值小于门槛值，则归入另一个部分。

采用组内估计法，消除式（5-9）中的个体固定效应，在时间 t 维度上运用式（5-11）计算个体均值：

$$\bar{y}_i = \lambda_i + \beta_1' \bar{x}_i(\gamma) + \bar{\varepsilon}_i \qquad (5-11)$$

其中，

$$\bar{y}_i = T^{-1} \sum_{t-1}^{T} y_{it}, \bar{x}_i(\gamma) = T^{-1} \sum_{t-1}^{T} x_{it}(\gamma), \bar{\varepsilon}_i = T^{-1} \sum_{t-1}^{T} \varepsilon_{it}$$

$$(5-12)$$

将式（5-9）与式（5-11）取差值，得：

$$y_{it}^* = \beta' x_{it}^*(\gamma) + \varepsilon_{it}^* \qquad (5-13)$$

其中，$y_{it}^* = y_{it} - \bar{y}_i$，$x_{it}^* = x_{it} - \bar{x}_i$，$\varepsilon_{it}^* = \varepsilon_{it} - \bar{\varepsilon}_i$。

在剔除每个个体第一期观测值后，对以上每个个体进行堆积，得到矩阵 Y^*、X^*，可用矩阵形式等价表示为：

$$Y^* = \beta X^*(\gamma) + \varepsilon^* \qquad (5-14)$$

对于给定的任意门限 γ、斜率 β、残差 ε 均可根据最小二乘法进行估计，估计结果如下：

$$\hat{\beta}(\gamma) = (X^*(\gamma)'X^*(\gamma))^{-1} X^*(\gamma)'Y^* \qquad (5-15)$$

$$\begin{aligned}
\hat{\varepsilon}^*(\gamma) &= Y^* - X^*(\gamma)\hat{\beta}(\gamma) \\
&= Y^* - X^*(\gamma)(X^*(\gamma)'X^*(\gamma))^{-1}X^*(\gamma)'Y^* \\
&= Y^*(1 - (X^*(\gamma)'X^*(\gamma))^{-1}) \qquad (5-16)
\end{aligned}$$

根据斜率、残差估计值，计算出相应的残差平方和 S_e：

$$S_e(\gamma) = \hat{\varepsilon}^*(\gamma)' \hat{\varepsilon}^*(\gamma)$$
$$= Y^*(1 - (X^*(\gamma)'X^*(\gamma))^{-1})'Y^*(1 - (X^*(\gamma)'X^*(\gamma))^{-1})$$
$$= Y^*(1 - X^*(\gamma)'(X^*(\gamma)'X^*(\gamma))^{-1}X^*(\gamma)')'Y^*$$
$$(5-17)$$

将式（5-17）的残差平方和最小化，即可估计出门槛值 γ 如下：

$$\hat{\gamma} = argmin S_e(\gamma) \qquad (5-18)$$

2. 多门槛回归模型

当回归模型存在两个门槛值时，我们称之为双重门槛回归模型。模型可以表示为：

$$y_i = \beta_0 + \beta_1 x_i \cdot I(q_i \le \gamma_1) + \beta_2 x_i \cdot I(\gamma_1 \le q_i \le \gamma_2)$$
$$+ \beta_3 x_i \cdot I(q_i > \gamma_2) + \varepsilon_i \qquad (5-19)$$

其中：y_i 是因变量，代表我们感兴趣的响应变量；x_i 是自变量，代表我们关注的解释变量；q_i 是门槛变量，它可以是自变量 x_i 本身，也可以是其他与 x_i 和 y_i 都相关的变量；γ_1、γ_2 为待估计的门槛值，$\gamma_1 < \gamma_2$；$I(\cdot)$ 为指示函数，当括号内的条件成立时取值为 1，否则取值为 0；β_0、β_1、β_2、β_3 是回归系数，它们分别代表在不同门槛区间内自变量 x_i 对因变量 y_i 的影响程度；ε_i 是误差项，代表模型中未能捕捉到的其他影响因素。

在门槛回归模型中，确定门槛值及其门槛效应的显著性是至关重要的步骤。这一检验过程能确保我们所选用的模型是准确无误的，能够真实反映数据背后的经济或社会现象。通过科学的门槛值估计方法和严谨的门槛效应显著性检验，我们可以避免误用不恰当的模型，从而确保后续分析和预测的准确性和可靠性。

　　进一步地，采用似然比检验来判断门槛值是否显著改善了模型的拟合度。如果似然比检验的结果表明，包含双重门槛值的模型显著优于不包含门槛值或仅包含单一门槛值的模型，那么我们就可以认为所得到的双重门槛值是真实且有效的。

5.2　数字金融与制造业升级的时空关联特征

5.2.1　总体空间关联特征

　　目前，学术界广泛采用莫兰指数（Moran's I）作为衡量空间自相关性的主要工具。莫兰指数通过量化相邻观测值之间的相似程度来评估空间上的依赖性。其取值范围限定在 $-1 \sim 1$ 之间，这一特性使得莫兰指数能够清晰地反映出空间关系的方向性。当莫兰指数的值落在 $0 \sim 1$ 的区间时，它指示了空间正相关性的存在。这意味着在空间上相近的观测值往往表现出相似的取值，即所谓的"集聚效应"；莫兰指数值越接近 1，空间上的集聚现象就越为显著，变量间的空间正相关性也越强。这种正相关性可能源于多种因素，如地理条件的相似性、社会经济活动的空间溢出效应等。相反，当莫兰指数的值位于 $-1 \sim 0$ 的区间时，则表明空间负相关性的存在。这表示在空间上相邻的观测值呈现出相反的趋势，即所谓的"离散效应"；莫兰指数值越接近 -1，空间上的离散现象就越为明显，变量间的空间负相关性也越强。空间负相关性的出现可能反映了某些竞争机制、资源分配不均或地理隔离等因素的作用。值得注意的是，当莫兰指数的值接近 0 时，它表示空间上的随机分布，即没有显著的空间相关性。然而，这种"无相关性"的结论也需要谨慎解读，因为它可能仅仅反映了当前数据在特定空间尺度或分辨率下的表现，而不一定代表真实世界中的空间关系。

本小节通过计算 2012～2022 年 30 个省域数字金融发展水平、制造业绿色化、制造业高端化、制造业智能化的单变量莫兰指数值及其显著性，探索数字金融、制造业升级及其子维度空间分布的集聚特征。检验结果如表 5-2 所示。

表 5-2　　　　　　　　数字金融全局 Moran'I 值检验结果

年份	I	$E(I)$	$sd(I)$	z	p 值
2012	0.163	-0.033	0.006	2.567	0.010
2013	0.162	-0.033	0.006	10.403	0
2014	0.090	-0.033	0.006	10.214	0
2015	0.070	-0.033	0.006	4.859	0
2016	0.040	-0.033	0.006	3.191	0
2017	0.080	-0.033	0.006	5.536	0
2018	0.096	-0.033	0.006	6.724	0
2019	0.003	-0.033	0.006	0.879	0.395
2020	0.030	-0.033	0.006	2.660	0.008
2021	0.007	-0.033	0.006	5.225	0
2022	0.160	-0.033	0.006	10.104	0

表 5-2 中，从数字金融的阶段性变化来看，我们可以观察到一个清晰的趋势：在 2012～2022 年的多数年份里，省域间数字金

融的空间相关性在 1% 的水平下显著。2019 年的莫兰指数值并未达到这一显著性水平，表明该年份内省域间数字金融的空间集聚或离散模式可能未呈现出明显的统计规律性。进一步分析表中莫兰指数的期望值 $E(I)$ 和莫兰指数的标准差 $sd(I)$，$E(I)$ 为 -0.033，接近零值，这通常意味着在随机分布假设下，空间自相关性的预期较弱；而 $sd(I)$ 为 0.006，显示了莫兰指数值在统计上的波动性较小。这两项指标表明整体数字金融的空间集聚现象虽然存在，但各年份间的差异并不显著，即数字金融在空间上保持了相对稳定的集聚或离散模式。具体到每年的莫兰指数值，2012～2022 年的变化中，我们可以发现几个关键点：首先，除了 2019 年以外，其余年份的 I 值均显著，表明在这些年份中，省域间数字金融普遍存在着空间正相关性，即相近的省域数字金融在某一变量上表现出相似的特征或趋势。这种正相关性表明省域间经济、文化、环境等多方面的相互影响和依赖。其次，虽然所有年份的 I 值均为正且基本显示出空间自相关性，但其数值大小却有所波动。例如，2012 年和 2013 年的 I 值相对较高（分别为 0.163 和 0.162），表明这两年中省域间数字金融的空间集聚效应较为明显；而到了 2014 年，I 值下降至 0.090，说明数字金融空间集聚的强度有所减弱。这种波动可能受到了多种因素的影响，如政策调整、经济周期、自然灾害等。最后，值得注意的是，尽管 2019 年的 I 值极低（0.003），不具有统计显著性，但随后的几年中（如 2020 年、2021 年）I 值虽有回升但仍保持较低水平，直到 2022 年又出现了一次显著的上升（I 值为 0.160），这表明了省域间数字金融空间关系的动态性和复杂性。

从制造业升级阶段性变化来看（见表 5－3），2012～2022 年制造业升级的莫兰指数值均为正数，且均在1%的显著性水平下通过检验。进一步分析表中的莫兰指数的期望值 $E(I)$ 和莫兰指数的标准差 $sd(I)$，$E(I)$ 为 -0.004，接近零值，这通常意味着在随机分布假设下，空间自相关性的预期较弱；而 $sd(I)$ 为 0.005，显示了莫兰指数值在统计上的波动性较小。

表 5 – 3　　　　　制造业升级全局 Moran'I 值检验结果

年份	I	$E(I)$	$sd(I)$	z	p 值
2012	0.081	– 0.004	0.005	2.567	0.010
2013	0.097	– 0.004	0.005	10.507	0
2014	0.161	– 0.004	0.005	10.316	0
2015	0.171	– 0.004	0.005	4.908	0
2016	0.140	– 0.004	0.005	3.222	0
2017	0.181	– 0.004	0.005	5.591	0
2018	0.197	– 0.004	0.005	6.791	0
2019	0.217	– 0.004	0.005	3.287	0.001
2020	0.230	– 0.004	0.005	2.687	0.009
2021	0.227	– 0.004	0.005	5.277	0
2022	0.261	– 0.004	0.005	10.205	0

图 5 – 1 展示了制造业升级子系统单变量莫兰指数值的时间变化趋势，从 2012～2022 年的这段时期，制造业高端化、绿色化及智能化这三个关键维度的单变量莫兰指数值均呈现出显著的增长态势。其中，制造业高端化的单变量莫兰指数值增长尤为突出，且其空间集聚特征极为明显。这反映了随着技术进步和产业升级，高端制造业资源日益向具有创新优势、产业链完善及市场需求旺盛的区域集中。与此同时，制造业绿色化与智能化的单变量莫兰指数

值演化轨迹大致趋于一致，这体现了两者在制造业升级过程中的紧密关联与相互促进。

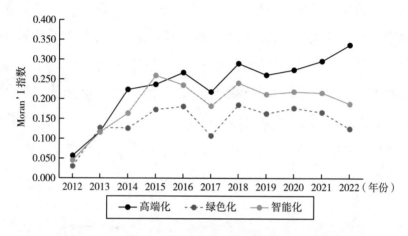

图 5-1　制造业升级子系统单变量 Moran'I 指数

本研究采用探索性空间数据分析软件 OpenGeoda 中的多变量 LISA 聚类工具模块来测算数字金融与制造业升级及其子维度的双变量莫兰指数值及其显著性，验证它们之间的空间关联特征。图 5-2 展示了数字金融与制造业升级、数字金融与制造业高端化、数字金融与制造业绿色化、数字金融与制造业智能化的空间关联特征。由图 5-2 可知数字金融与制造业高端化、数字金融与制造业绿色化、数字金融与制造业智能化的空间分布都具有一定的空间关联性，但不同时间阶段这种关联性存在不同。数字金融与制造业高端化的双变量莫兰指数值呈现出持续增加趋势，这表明了两者在空间布局上存在紧密联系，数字金融的发展有助于加速制造业高端化进程。数字金融与制造业绿色化、数字金融与制造业智能化的双变量莫兰指数值所展现出的先降低后增加变化趋势，揭示了数字金融与制造业绿色化、数字金融与制造业智能化在空间依赖程度和集聚特征上并不是静态的，而是随着时间的推移不断变化和演变的。首先，初期的降低趋势可能反映了数字金融与制造业绿色化、智能化转型初期的不匹配与滞后性。在这一阶段，数字金融的发展可能尚未充分渗透到制造业的绿色化和智能化转型过程中，两者之间的融合机制尚不完善，导致在空间布局上呈现出一定的离散状态。然而，随着时间的推移，数字金融技术的不断成熟与普及，以及制造业对绿色化、智能化转型需求的日益增长，两者之间的融合逐步加深，因此，双变量莫兰指数值后期呈现递增态势。

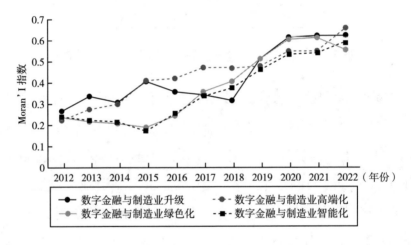

图 5-2　双变量 Moran'I 指数

5.2.2　局部空间关联特征

为进一步探索数字金融与制造业升级及其子系统（如制造业绿色化、制造业智能化等）之间的局部空间关联特征，我们可以采用 OpenGeoda 这一强大的空间数据分析工具来进行双变量局部空间自相关（local indicators of spatial association，LISA）检验。这一检验方法能够揭示变量在特定空间位置上的集聚或离散模式，从而帮助我们深入理解数字金融与制造业升级及其子系统之间的空间互动关系。结果如表 5 – 4 所示。

表 5 – 4　　2012～2022 年数字金融与制造业升级及其子系统的局部空间关联特征变化情况

省份	数字金融与制造业升级	数字金融与制造业高端化	数字金融与制造业绿色化	数字金融与制造业智能化
北京	HH→HH	HH→HH	HH→HH	HH→HH
天津	HL→HL	HL→HL	HL→HH	HL→HH
河北	LH→LH	LL→LL	LL→HL	LL→HL
山西	LH→LH	LL→HL	LH→HL	LL→HL
内蒙古	LH→LH	LH→LH	HL→HL	LH→HL
辽宁	HL→HL	HL→HL	HL→HL	HL→HL
吉林	HL→HL	LH→LH	LH→HL	HL→HL
黑龙江	HL→HL	HL→HL	LH→HL	HL→HL
上海	HH→HH	HH→HH	HH→HH	HH→HH
江苏	HH→HH	HH→HH	HH→HH	HH→HH
浙江	HH→HH	HH→HH	HH→HH	HH→HH
安徽	LH→HL	HL→HL	HL→HL	HL→HL
福建	HL→HH	HL→HH	HL→HH	HL→HH
江西	HL→HL	HL→HL	LH→HL	LH→HL
山东	LH→HL	HL→HL	LH→HL	LH→HL
河南	LH→HL	HL→HL	HL→HL	HL→HL
湖北	HL→HL	LH→HL	LH→HL	HL→HL
湖南	HL→HL	HL→HL	HL→HL	HL→HL

续表

省份	数字金融与制造业升级	数字金融与制造业高端化	数字金融与制造业绿色化	数字金融与制造业智能化
广东	HH→HH	HH→HH	HH→HH	HH→HH
广西	LL→LH	LL→LH	LL→LH	LL→LH
海南	LH→LH	HL→HL	HL→HL	HL→HL
重庆	HL→HL	HL→HL	HL→HL	HL→HL
四川	HL→HL	HL→HL	HL→HL	HL→HL
贵州	LH→LH	HL→HL	HL→HL	HL→HL
云南	HL→HL	HL→HL	HL→HL	HL→HL
陕西	LH→LH	LL→LH	LH→LH	LH→LH
甘肃	LH→LH	LL→LH	LH→LH	LII→LH
青海	LL→LL	LL→LL	LL→LL	LL→LL
宁夏	LL→LH	LL→LL	LL→LH	LL→LH
新疆	LH→LH	LH→LH	HL→HL	HL→HL

由表 5 - 4 可知，在研究期间，我们发现数字金融对制造业升级及其子系统的影响效应显著增强，说明数字金融已经成为现代经济发展中不可忽视的重要动力。随着时间推移，数字金融不仅深入渗透到了制造业的每一个细微环节，更在推动制造业绿色化、智能化转型的过程中扮演了关键角色。具体而言，数字金融与制造业高端化、制造业绿色化与制造业智能化各自形成的 HH 型（高值与高值相邻）集聚省份数量持续攀升，这一现象表明数字金融在促进绿色生产和智能制造方面有重要作用。与此同时，LL 型（低值与低值相邻）集聚区的省份数量则逐渐减少，这种收缩趋势进一步验证了数字金融与制造业升级之间的正相关关系，即高水平的数字金融发展往往伴随着制造业的更高质量发展。HH 型和 LL

型集聚区省份数量所占比例存在显著主导地位，不仅证实了数字金融与制造业升级在空间上的紧密耦合关系，也揭示了区域经济一体化和协同发展的潜在可能性。一方面，制造业高端化、制造业绿色化与制造业智能化对数字金融的分布具有空间指向性影响。这种影响不仅体现在数字金融资源更加倾向于流向那些具备绿色生产能力和智能制造基础的地区，也体现在这些地区能够更有效地利用数字金融工具促进产业升级和转型。这表明数字金融与制造业的高质量发展在空间上的联系和互动越来越紧密，它们之间相互推动、共同进步的关系也在持续增强。另一方面，制造业的高质量发展以及高等级资源的分布或集群，也对区域数字金融的发展产生了积极的导向效应。随着制造业转型升级的深入推进，越来越多的省份开始注重提升自身的创新能力和科技水平，这为数字金融的快速发展提供了良好的土壤。同时，高等级资源的集聚也促进了金融资源的有效配置和高效利用，进一步推动了区域数字金融的繁荣和发展。

5.3　数字金融与制造业升级的脱钩效应分析

5.3.1　脱钩关系的时间变化规律

1. 数字金融与制造业升级

根据 2012~2022 年制造业脱钩类型（见表 5-5）可知，在研究期间，省域间数字金融与制造业升级之间存在复杂多变的脱钩关系，具体涵盖了扩张负脱钩、扩张连结、弱脱钩、强脱钩、强负脱钩以及弱负脱钩等多种类型，每一种类型都反映了数字金融与制造业升级之间不同的互动模式和发展态势。尤为值得注意的是，扩张负脱钩与弱脱钩两种类型在三个阶段中占据了主导地位，其省份数量的平均占比分别高达51.11%和28.89%。这表明数字金融与制造业升级之间主要以扩张负脱钩和弱脱钩两种发展态势为主。首先，扩张负脱钩是最主要的脱钩类型，这表明在多数省域内，制造业升级的速度与水平随着数字金融的快速发展实现了更为迅猛的提升。这种状态下，数字金融不仅为制造业提供了强大的技术支撑和资金支持，还通过促进信息共享、优化资源配置、提升生产效率等途径，加速了制造业的转型升级进程。因此，制造业升级的速度超越了数字金融自身的发展速度，形成了良性的互动循环。其次，弱脱钩类型也占据了相当的比例，这反映出在部分省域中，虽然制造业升级在持续进行，但其提升的速度相较于数字金融的发展而言略显滞后。这可能是多种因素所致，如制造业内部结构调整的复杂性、技术创新能力的差异、政策环境的不均衡等。然而，即便如此，这些省域的制造业升级仍然保持了一定的正向增长趋势，只是其增速未能完全与数字金融的发展相匹配。

表5-5 2012~2022年制造业升级脱钩类型

发展状态	Ⅰ期	Ⅱ期	Ⅲ期
	2012~2015年	2015~2018年	2018~2022年
相对理想	扩张负脱钩（7）	扩张负脱钩（12）	扩张负脱钩（27）
	扩张连结（3）	扩张连结（1）	扩张连结（1）
较理想	弱脱钩（9）	弱脱钩（15）	弱脱钩（2）

续表

发展状态	Ⅰ 期	Ⅱ 期	Ⅲ 期
	2012～2015 年	2015～2018 年	2018～2022 年
不理想	强脱钩（10）	强脱钩（1）	强脱钩（0）
	强负脱钩（1）	强负脱钩（1）	强负脱钩（0）
	弱负脱钩（0）	弱负脱钩（0）	弱负脱钩（0）
	衰退连结（0）	衰退连结（0）	衰退连结（0）
	衰退脱钩（0）	衰退脱钩（0）	衰退脱钩（0）

注：括号内数字为该脱钩类型的省份数量。

由数字金融与制造业升级发展状态（见图 5－3）可知，2012～2022 年，样本省份在推动制造业升级与数字金融协同发展时展现出了复杂而动态的变化趋势。具体来说，这段时期内数字金融与制造业升级的耦合关系经历了从初步磨合到逐步优化的过程。首先，数字金融与制造业升级达到相对理想状态的省份比例呈现逐渐上升的趋势，在初期（2012 年至中期某一年）上升速度较慢。这可能是由于数字金融的初建阶段，虽然基础设施投资加大，但

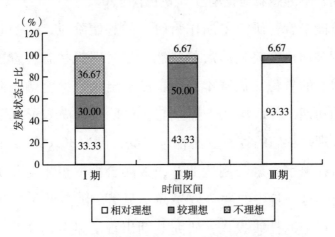

图 5－3　数字金融与制造业升级发展状态

尚未能充分满足快速增长的制造业升级需求，导致两者之间的协同效应未能即时显现。然而，随着数字金融的不断完善和服务能力的提升，自某一转折点之后，这一比例开始稳步回升，并在第Ⅲ期达到了93.33%的显著水平，数字金融对制造业升级的支撑作用开始显现，多数省份成功实现了数字金融与制造业升级的双赢发展。

与此同时，处于较理想状态的省份比例则呈现出了"先增后降"的走势。初期，随着部分省份在数字金融与制造业升级融合发展上取得初步成效，这些省份被归为较理想状态。然而，随着更多省份加速提升数字金融基础设施和服务水平，原先处于较理想状态的若干省份未能持续跟进或优化其制造业升级融合策略，逐渐被后来者超越，导致其比例在后期有所下降。至第Ⅲ期，较理想状态的省份占比稳定在6.67%，反映出在整体向好的大背景下，仍有一定数量的省份在努力追赶，力求达到更高的融合发展水平。最后，不理想状态的省份比例表现出连续递减的态势，截至第Ⅲ期，不理想状态的省份比例已降至0。

分阶段来看，研究Ⅰ期作为研究的起始阶段，这一时期呈现出一种相对均衡但略显滞后的状态。相对理想状态的省份比例与不理想状态的省份比例基本持平，显示出在数字金融与制造业升级发展的初期，各地均处于探索与尝试阶段，尚未形成明显的分化。而较理想状态的省份占比相对较少，仅为30.00%，表明仅有少数省份在数字金融与制造业升级的融合上取得了初步成效，但整体而言，这一阶段的融合效果尚不显著。随着政策的进一步推动和基础设施的持续投入，研究Ⅱ期出现了显著的变化。相对理想状态与较理想状态的省份比例大幅增加至43.33%和50.00%，表明越来越多的省份开始重视并成功实践了数字金融与制造业升级融合发展策略。与此同时，不理想状态的省份比例下降至 6.67%，表明在整体向好的趋势下，部分省份通过优化数字基础设施、提升制造业发展质量等措施，实现了从不理想状态向较理想乃至理想状态的跨越，而另一些省份则可能因资源分配、政策执行等因素的制约，未能及时跟上发展步伐。进入研究Ⅲ期，数字基础设施的完善成为推动数字金融与制造业升级融合发展的关键力量。这一时期，制造业的飞速发展也为数字金融产品的多样化、个性化提供了丰富的物质基础，两者相辅相成，共同推动了经济的快速增长。相对理想状态的省份数量占比达到了 93.33%，几乎覆盖了全国所有省份，成为这一时期的主导发展形态。这一成就不仅标志着数字金融与制造业升级融合发展的全面成功，也体现了我国在推动区域协同发展、促进经济转型升级方面所取得的重大进展。在这一阶段，数字网络的四通八达为制造业的繁荣提供了坚实的基础，而制造业的蓬勃发展又进一步促进了数字基础设施的优化升级，两者之间的良性互动为构建现代化经济体系、实现高质量发展注入了强劲动力。

整体来看，2012~2022 年，数字金融与制造业升级都表现出持续提升趋势。这一时期，随着信息技术的飞速发展和广泛应用，数字金融不仅重塑了金融服务的形态与边界，还为制造业的转型升级提供了前所未有的机遇与支撑。伴随数字金融发展的持续加速，其对制造业升级的正向效应呈现先减后增的变化规律。从制造业升级发展来看，数字金融对制造业升级的带动作用将会愈加明显。

2. 数字金融与制造业高端化

表 5 - 6 展示了 2012 ~ 2022 年制造业高端化脱钩类型，以及数字金融与制造业高端化之间错综复杂的动态关系。随着信息技术的飞速发展和数字金融的日益普及，各地制造业的转型升级路径展现出多样化的特征，具体体现在扩张负脱钩、扩张连结、弱脱钩、强脱钩、强负脱钩以及弱负脱钩等多种脱钩类型的并存上。扩张负脱钩作为主要类型之一，其占比高达 60%（平均而言，在三个阶段内），这一现象揭示了部分省份数字金融的迅猛增长不仅未能减缓制造业高端化的步伐，反而成为其加速升级的强大驱动力。弱脱钩类型紧随其后，占比达到 30%，表明在另一些省域中，虽然数字金融也取得了显著进步，但制造业的升级步伐相对较为温和，其增速略低于数字金融的增速。

表 5 - 6 　　　　　2012 ~ 2022 年制造业高端化脱钩类型

发展状态	Ⅰ 期 2012 ~ 2015 年	Ⅱ 期 2015 ~ 2018 年	Ⅲ 期 2018 ~ 2022 年
相对理想	扩张负脱钩（19）	扩张负脱钩（10）	扩张负脱钩（25）
	扩张连结（1）	扩张连结（1）	扩张连结（1）
较理想	弱脱钩（7）	弱脱钩（16）	弱脱钩（4）
不理想	强脱钩（0）	强脱钩（2）	强脱钩（0）
	强负脱钩（3）	强负脱钩（1）	强负脱钩（0）
	弱负脱钩（0）	弱负脱钩（0）	弱负脱钩（0）
	衰退连结（0）	衰退连结（0）	衰退连结（0）
	衰退脱钩（0）	衰退脱钩（0）	衰退脱钩（0）

注：括号内数字为该脱钩类型的省份数量。

图 5-4 展示了制造业高端化的发展状态，2012～2022 年，总体上数字金融与制造业高端化脱钩相对理想状态省域比例呈现"先降后升"的发展态势。

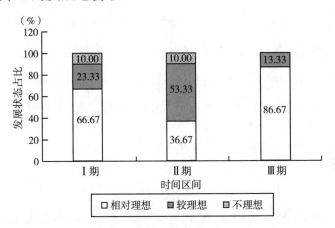

图 5-4　数字金融与制造业高端化发展状态

分阶段看，研究 Ⅰ 期，省域层面在数字金融与制造业高端化的初步探索中展现出不同的适应性。具体而言，相对理想状态的省份占据了显著优势，比例高达 66.67%，表明这些省份能够较好地利用数字金融的便利条件，促进制造业资源的优化配置和高效利用。较理想状态的省份紧随其后，占比 23.33%，虽然也展现出一定的积极趋势，但相对于相对理想状态而言，其制造业高端化与数字金融的协同效应尚有待提升。而不理想状态的省份比例最低，为 10.00%，反映出这些省份在利用数字金融促进制造业高端化发展方面面临较多挑战。总体而言，研究 Ⅰ 期呈现出以相对理想发展状态为主体的良好开端。研究 Ⅱ 期随着时间的推移和政策、技术的持续推动，省域间的差异开始显现。较理想状态的省份比例实现了显著增长，跃升至 53.33%，成为这一时期的主体发展状态，相对理想状态的省份比例则下降至 36.67%，不理想状态的比例未发生改变，反映出部分原本表现优异的省份可能遭遇了发展瓶颈或需要调整策略以适应新的市场环境。进入研究Ⅲ期，省域间的竞争与合作更加激烈。相对理想状态的省份数量占比飙升至 86.67%，几乎成为所有省份的发展共识和主流趋势。这一变化强烈表明，随着数字基础设施的不断完善和技术的持续进步，数字金融对于制造业高端化的边际效应得到了极大释放。样本省份不仅能够有效利用数字金融带来的便捷性和可达性，更在此基础上实现了制造产品的多元化、服务质量的提升。

3. 数字金融与制造业绿色化

表 5-7 展示了 2012~2022 年制造业绿色化脱钩类型。由表 5-7 可知，2012~2022 年数字金融与制造业绿色化的脱钩关系表现为多种类型。其中多数省份以扩张负脱钩和弱脱钩发展类型为主，这表明数字金融与制造业绿色化的脱钩关系主要包括制造业绿色化随数字金融的提高而提升、制造业绿色化发展速度慢于数字金融发展速度这两种状态。

表 5-7　　　　　2012~2022 年制造业绿色化脱钩类型

发展状态	Ⅰ期	Ⅱ期	Ⅲ期
	2012~2015 年	2015~2018 年	2018~2022 年
相对理想	扩张负脱钩（13）	扩张负脱钩（10）	扩张负脱钩（26）
	扩张连结（2）	扩张连结（3）	扩张连结（0）
较理想	弱脱钩（15）	弱脱钩（8）	弱脱钩（4）
不理想	强脱钩（0）	强脱钩（7）	强脱钩（0）
	强负脱钩（0）	强负脱钩（2）	强负脱钩（0）
	弱负脱钩（0）	弱负脱钩（0）	弱负脱钩（0）
	衰退连结（0）	衰退连结（0）	衰退连结（0）
	衰退脱钩（0）	衰退脱钩（0）	衰退脱钩（0）

注：括号内数字为该脱钩类型的省份数量。

图 5 - 5 呈现了制造业绿色化与数字金融发展的状态图，2012 ~ 2022 年，总体上数字金融与制造业绿色化脱钩相对理想状态省份数量比例呈现"先降后升"的变化状态。

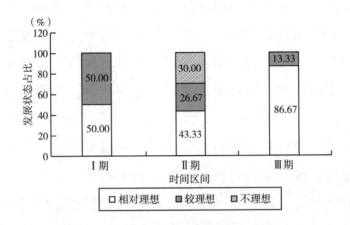

图 5 - 5 数字金融与制造业绿色化发展状态

分阶段看，研究 Ⅰ 期，相对理想状态的省份占据半壁江山（50.00%），较理想状态省份同样占比 50.00%。进入研究 Ⅱ 期后，一个显著的变化是较理想状态省域的比例大幅下降到 26.67%，同时，相对理想状态省份比例略有下降，而不理想状态省份比例显著增加，反映出省域发展差距的逐步扩大。在研究 Ⅲ 期，相对理想状态省份几乎占据了绝对优势（86.67%），延续其主体发展形态地位，这种趋势体现了数字金融发展不仅提升了省域的整体竞争力和吸引力，也为区域经济一体化奠定了坚实基础。

整体来看，2012 ~ 2022 年，数字金融与制造业绿色化之间的协同关系展现出了强劲的增长动力与深刻的相互促进作用。数字基础设施作为数字金融发展的基石，其不断完善和拓展显著增强了金融服务实体经济的能力。在制造业领域，这种增强效应尤为明显。初期，随着数字基础设施的初步建立和服务功能的逐步丰富，数字金融对制造业绿色化的带动作用可能受到技术成熟度、应用普及度以及行业适应性等多方面因素的制约，表现出一定的波动性，甚至在某些阶段出现相对减缓的趋势。然而，这种"先减后增"的发展态势并非停滞不前，而是数字金融与制造业深度融合过程中的必经阶段。随着数字基础设施建设的持续深入和服务功能的不断优化，其对制造业绿色化的推动作用逐渐显现并加速增强。数字金融通过提供高效、便捷、低成本的融资解决方案，促进了制造业企业的技术创新、产品升级和市场拓展。同时，数字金融还助力制造业企业实现生产流程的智能化、供应链的数字化以及管理模式的现代化，从而显著提升了制造业的整体竞争力和可持续发展能力。从制造业绿色化发展状态的趋势来看，数字金融相关的数字基础设施建设正逐步成为推动省域制造业绿色化的重要驱动力。这种边际效益的增大，不仅体现在单个企业生产效率的提升和盈利能力的增强上，更体现在整个产业链、价值链的优化升级和区域经济的协同发展上。

4. 数字金融与制造业智能化

表5-8展示了2012~2022年制造业智能化脱钩类型。由表5-8可知，2012~2022年数字金融与制造业智能化的脱钩关系表现为多种类型。其中多数省份以扩张负脱钩和弱脱钩发展类型为主，这表明数字金融与制造业智能化的脱钩关系主要包括制造业智能化发展随数字金融发展的提高而提升、制造业智能化发展速度慢于数字金融发展速度两种状态。

表 5 - 8　　　　2012～2022 年制造业智能化脱钩类型

发展状态	Ⅰ期	Ⅱ期	Ⅲ期
	2012～2015 年	2015～2018 年	2018～2022 年
相对理想	扩张负脱钩（12）	扩张负脱钩（13）	扩张负脱钩（28）
	扩张连结（3）	扩张连结（3）	扩张连结（0）
较理想	弱脱钩（15）	弱脱钩（5）	弱脱钩（2）
不理想	强脱钩（0）	强脱钩（6）	强脱钩（0）
	强负脱钩（0）	强负脱钩（3）	强负脱钩（0）
	弱负脱钩（0）	弱负脱钩（0）	弱负脱钩（0）
	衰退连结（0）	衰退连结（0）	衰退连结（0）
	衰退脱钩（0）	衰退脱钩（0）	衰退脱钩（0）

注：括号内数字为该脱钩类型的省份数量。

图 5 - 6 呈现了制造业智能化与数字金融发展的状态图，2012～2022 年，总体上数字金融与制造业智能化脱钩相对理想状态和较理想状态省份之和比例呈现"先降后升"的变化状态。

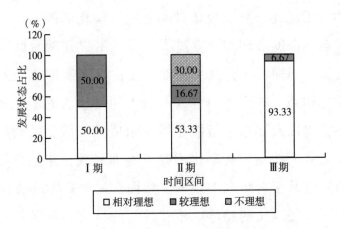

图 5 - 6　数字金融与制造业智能化发展状态

研究 I 期，制造业智能化发展状态呈现出较好态势，相对理想和较理想状态的省份各占 50%。进入研究 II 期后，制造业智能化的发展状态出现了明显变化。较理想状态省份的比例出现显著下降（从 50.00% 降至 16.67%），而相对理想状态省份的比例则有所上升（从 50.00% 升至 53.33%）。这一变化表明，尽管整体而言数字金融的提升对制造业智能化的带动作用仍显不足，但已有部分省份开始受益于交通条件的改善，实现了制造业智能化的初步提升。研究 III 期，制造业智能化的发展状态呈现出更为积极的态势。相对理想状态的省份比例显著上升，达到了 93.33%，成为主体发展状态。同时，较理想状态省份的比例降至 6.67%，而不理想状态省份的比例则明显下降至 0。这一转变标志着数字金融对制造业升级的带动作用已经显现，并正在逐步增强。

整体来看，2012~2022 年，数字金融与制造业智能化发展均展现出了强劲的增长势头，两者之间的相互作用与影响构成了该区域经济社会发展的重要驱动力。在这一时期，随着数字基础设施建设的持续优化，数字金融对制造业智能化的推动作用经历了从初步探索到深度融合的演变过程，呈现出"先减后增"的波动性递增特征。初期，尽管数字基础设施建设为制造业的发展提供了更为便捷和高效的交通条件，但由于网络覆盖尚不全面、服务功能尚不完善以及制造业智能化体系未成熟等因素的制约，数字金融对制造业智能化的带动作用并未立即显现，甚至在某些阶段出现了边际效益相对减弱的现象。然而，这种短期的波动并未改变两者协同发展的长期趋势。随着时间的推移，数字基础设施建设步伐不断加快，不仅实现了区域内外的快速联通，还通过智能化、信息化等手段提升了服务质量和效率。与此同时，制造业智能化体系也逐渐完善，制造产品和服务不断创新升级，市场需求日益多元化和个性化。在这一背景下，数字金融对制造业智能化的带动作用开始逐步增强，并呈现出明显的边际递增效应。

5.3.2　脱钩关系的空间变化规律

1. 数字金融与制造业升级

表 5 - 9 展现了数字金融与制造业升级脱钩类型的空间分布，从数字金融与制造业升级的脱钩类型方面看，我国省域扩张负脱钩类型的空间分布呈现"先收敛后扩张"的发展态势。弱脱钩类型空间分布呈"先扩张后收敛"态势。强脱钩类型空间分布呈现"先扩张后收敛"态势。其他脱钩类型在空间上呈"零星"分布格局，其省份数量占比较小。

表 5 - 9　　各期数字金融与制造业升级脱钩类型的省域分布

脱钩类型	Ⅰ期	Ⅱ期	Ⅲ期
扩张负脱钩	北京、福建、广东、江苏、上海、天津、浙江	安徽、北京、福建、广东、黑龙江、江苏、山东、上海、四川、天津、浙江、重庆	安徽、北京、福建、甘肃、广东、广西、贵州、海南、河北、河南、黑龙江、湖南、吉林、江苏、江西、辽宁、内蒙古、山东、山西、陕西、上海、四川、天津、云南、浙江、重庆、宁夏
扩张连结	安徽、四川、重庆	湖北	湖北

续表

脱钩类型	Ⅰ期	Ⅱ期	Ⅲ期
弱脱钩	河北、河南、黑龙江、湖北、江西、辽宁、山东、山西、陕西	甘肃、广西、贵州、海南、河北、河南、湖南、吉林、江西、辽宁、内蒙古、宁夏、山西、陕西、云南	青海、新疆
强脱钩	甘肃、广西、贵州、海南、湖南、吉林、内蒙古、宁夏、新疆、云南	新疆	
强负脱钩	青海	青海	
弱负脱钩			

从区域分布看，2012~2022年，数字金融与制造业升级的相对理想状态（扩张负脱钩、扩张连结）省份空间分布由研究Ⅰ期的浙江、江苏、广东和福建等地逐渐扩展到Ⅱ期的长三角地区大部分省份以及四川、重庆等中部地区，直至研究Ⅲ期，相对理想状态省份空间分布逐渐拓展到全国大部分地区。数字金融与制造业升级的较理想状态（弱脱钩）省份空间分布在研究Ⅰ期未包括云南、广西、贵州等西南地区，以及内蒙古等北方地区，研究Ⅱ期较理想状态省份空间分布逐渐向中部地区发展。不理想状态省份空间分布总体随时间变化呈现缩小态势，强脱钩类型尤为明显，这表明数字金融发展与制造业升级的耦合协同效应随时间推移逐渐变得明显。

从省域来看，随着东部沿海省份在数字基础设施建设方面的大力投入与持续推进，这些地区的数字金融对制造业升级的带动作用经历了一个动态变化的过程。具体而言，在数字金融发展的初期阶段，尽管数字技术的引入为制造业带来了生产效率的提升和运营模式的创新，但由于技术应用的普及度不够广泛，以及制造业企业对于新技术、新模式的接受和适应能力存在差异，因此数字金融对制造业升级的带动效应呈现出先减小后增大的趋势。这一时期，部分制造业企业可能因技术转型的成本压力和不确定性而面临挑战，导致整体制造业升级的步伐稍显滞后，表现为由原本的制造业升级发展增长型转变为制造业升级发展滞后型。然而，随着数字金融服务的不断成熟和完善，大数据分析、云计算、人工智能等先进技术开始在金融领域的广泛应用，江苏、浙江的大部分地区以及上海逐渐克服了初期的困难，数字金融对制造业升级的推动作用开始显著增强。这些地区通过优化金融服务流程、拓宽融资渠道、提供定制化金融解决方案等方式，有效降低了制造业企业的融资成本和时间成本，促进了技术创新和产业升级，因此，数字金融对制造业升级的贡献效应呈现出递增态势。在这一影响下，这些省份的制造业逐渐摆脱了升级发展的滞后状态，成功转型为制造业升级发展增长型。

2. 数字金融与制造业高端化

从数字金融与制造业高端化脱钩类型分布（见表 5 - 10）来看，数字金融与制造业高端化的脱钩类型总体表现为扩张负脱钩和弱脱钩类型。扩张负脱钩和弱脱钩类型主要分布在东部沿海地区、中部地区和北部地区。

表 5 – 10　　　各期数字金融与制造业高端化脱钩类型的省域分布

脱钩类型	Ⅰ期	Ⅱ期	Ⅲ期
扩张负脱钩	北京、福建、甘肃、广东、广西、河南、黑龙江、湖北、江苏、江西、辽宁、内蒙古、宁夏、山东、山西、陕西、上海、天津、浙江	北京、福建、广东、黑龙江、江苏、上海、四川、天津、浙江、重庆	安徽、北京、福建、甘肃、广东、广西、贵州、海南、河北、河南、黑龙江、湖南、吉林、江苏、江西、辽宁、内蒙古、山东、山西、上海、四川、天津、云南、浙江、重庆
扩张连结	安徽	湖北	湖北
弱脱钩	贵州、海南、河北、湖南、吉林、四川、重庆	安徽、甘肃、广西、贵州、海南、河北、河南、湖南、吉林、江西、辽宁、内蒙古、宁夏、山东、山西、陕西	宁夏、青海、陕西、新疆
强脱钩		云南、青海	
强负脱钩	青海、新疆、云南	新疆	
弱负脱钩			

　　从区域分布看，2012～2022 年，数字金融与制造业高端化的相对理想状态（扩张负脱钩、扩张连结）省份空间分布由研究Ⅰ期的东部、中部地区逐渐缩小到Ⅱ期的长三角地区大部分省份以及四川、重庆等中部地区，直至研究Ⅲ期，相对理想状态省份空间分布逐渐拓展到全国大部分地区。数字金融与制造业高端化的较理想状态（弱脱钩）省份空间分布在研究Ⅰ期包括四川、重庆和贵州等西南地区，以及吉林等东北地区；研究Ⅱ期较理想状态省

份数量逐渐增加。不理想状态（强脱钩、强负脱钩、弱负脱钩）省份空间分布总体随时间变化呈现缩小态势，其占比由研究Ⅰ期的10%降至研究Ⅲ期的0，表明数字金融的发展，尤其是以数字为基础的金融服务的便捷性和快速性大大提升了制造业高端化的发展，数字金融服务功能优化对制造业高端化的推动作用逐渐向好。

从省域来看，随着东部沿海省份在数字基础设施建设方面的大力投入与持续推进，这些地区的数字金融对制造业高端化的带动作用在时间维度上展现了一种先减小后增大的趋势，这一动态变化深刻反映了两者融合发展过程中的阶段性特征。

3. 数字金融与制造业绿色化

从数字金融与制造业绿色化脱钩类型空间分布（见表5-11）来看，数字金融与制造业绿色化的脱钩类型主要表现为扩张负脱钩和弱脱钩类型，在沿海省份和中部省份均有分布。

表5-11　　　各期数字金融与制造业绿色化脱钩类型的省域分布

脱钩类型	Ⅰ期	Ⅱ期	Ⅲ期
扩张负脱钩	北京、福建、广东、湖北、江苏、内蒙古、宁夏、山东、山西、陕西、上海、天津、浙江	北京、福建、广东、黑龙江、江苏、上海、四川、天津、浙江、重庆	安徽、北京、福建、甘肃、广东、广西、海南、河北、河南、黑龙江、湖北、湖南、吉林、江苏、江西、辽宁、内蒙古、山东、山西、上海、四川、天津、云南、浙江、重庆、贵州
扩张连结	安徽、甘肃	湖北、江西、辽宁	

续表

脱钩类型	Ⅰ期	Ⅱ期	Ⅲ期
弱脱钩	广西、贵州、海南、河北、河南、黑龙江、湖南、吉林、江西、辽宁、青海、四川、新疆、云南、重庆	安徽、甘肃、湖南、吉林、内蒙古、山东、山西、陕西	宁夏、青海、陕西、新疆
强脱钩		广西、贵州、海南、河北、河南、新疆、云南	
强负脱钩		宁夏、青海	

2012～2022 年，数字金融与制造业绿色化的相对理想状态省份空间分布由研究Ⅰ期的东部、中部地区逐渐缩小到Ⅱ期的长三角地区大部分省份以及四川、重庆等中部地区，直至研究Ⅲ期，相对理想状态省份空间分布逐渐拓展到全国大部分地区。在研究Ⅰ期，数字金融与制造业绿色化的较理想状态省份空间多分布在西南地区和东北地区，研究Ⅱ期较理想状态省域有所减少，仅分布在中部和西部少部分省份。研究Ⅲ期，较理想状态省份占比减少为 13.33%。在整个研究期，不理想状态省份空间分布总体空间变化呈现持续收敛态势，强脱钩类型表现尤为明显，其占比由期初的 0 升至研究Ⅱ期的 23.33%，再降至研究Ⅲ期的 0，表明随着时间推移，数字金融对制造业绿色化的推动效应逐渐显现。

4. 数字金融与制造业智能化

从数字金融与制造业智能化脱钩类型空间分布（见表 5 - 12）来看，数字金融与制造业绿色化的脱钩类型主要表现为扩张负脱钩和弱脱钩类型，在沿海省份和中部省份均有分布。

表 5 - 12   各期数字金融与制造业智能化脱钩类型的省域分布

脱钩类型	Ⅰ 期	Ⅱ 期	Ⅲ 期
扩张负脱钩	安徽、北京、福建、广东、湖北、江苏、山东、山西、陕西、上海、天津、浙江	北京、福建、广东、黑龙江、江苏、上海、四川、天津、浙江、重庆、安徽、甘肃、山东	安徽、北京、福建、甘肃、广东、广西、海南、河北、河南、黑龙江、湖北、湖南、吉林、江苏、内蒙古、山东、山西、上海、四川、天津、云南、浙江、重庆、江西、辽宁、贵州、宁夏、陕西
扩张连结	甘肃、贵州、宁夏	湖北、江西、辽宁	
弱脱钩	海南、河北、河南、黑龙江、湖南、吉林、江西、辽宁、青海、四川、新疆、云南、重庆、内蒙古、广西	湖南、吉林、内蒙古、山西、陕西	青海、新疆
强脱钩		广西、贵州、海南、新疆、河南、河北	
强负脱钩		宁夏、青海、云南	

2012 ~ 2022 年，数字金融与制造业智能化的相对理想状态省

份空间分布由研究 Ⅰ 期的除东北地区以外的地区逐渐缩小到 Ⅱ 期的中部地区及东部地区，直至研究 Ⅲ 期逐渐拓展到全国大部分地区。数字金融与制造业智能化的较理想状态主要由东北地区和西部地区逐渐收敛至西部地区部分省份，空间分布总体呈现逐渐收敛态势。不理想状态省份空间分布总体空间变化呈现"先扩张后收敛"态势，表明随着时间推移数字金融对制造业智能化的驱动作用逐渐显现。

5.4　数字金融与制造业升级的非线性互动关系

前面通过脱钩效应模型从时间和空间两个维度出发，全面而系统地验证了数字金融与制造业升级及其各个子系统之间复杂而微妙的脱钩关系。这一研究不仅深入剖析了数字金融与制造业升级的即时关联与短期波动，还尝试揭示了两者间相互作用的动态特征。然而，当前的探讨更多聚焦于这种作用关系的实时变化与短期效应，仅仅揭开了数字金融与制造业升级及其子系统相互作用的冰山一角。因此，本节将进一步探究数字金融与制造业及其子系统之间是否存在更深层次的互动作用和因果关系。是数字金融的便捷性促进了制造业的繁荣，还是制造业的发展反过来推动了数字金融的升级？抑或是两者之间存在双向促进、互为因果的良性循环？各系统之间是否存在非线性的相互作用？这种相互作用的影响强度又是怎样？鉴于此，本节将通过构造面板门槛模型对两个系统之间的非线性关系关联和特征，从实证的角度检验数字金融与制造业升级及其各个子系统之间是否存在良性的交互作用，为数字金融的普及和制造业的高质量发展提供科学依据和决策支持。

5.4.1　数字金融对制造业升级的影响

为探究数字金融对制造业升级及其子系统的非线性影响，本节构造如下门槛模型：

$$UP_{it} = \beta_1 DF_{it} I(q_{it} \leq \gamma) + \beta_2 DF_{it} I(q_{it} > \gamma) + \beta_3 PGDP$$
$$+ \beta_4 GOV + \beta_5 FDI + \beta_6 Trans + \mu_i + \varepsilon_{it} \qquad (5-20)$$

模型控制变量包括：（1）经济发展水平（$PGDP$），以人均 GDP 进行表征，并进行取对数的处理。经济发展能够提供市场需求动力，推动要素投入升级，促进技术创新，从而助力制造业转型升级。（2）政府干预（GOV），用地方财政支出占地方生产总值的比重来表示。制造业的发展进程中，政府主导的发展模式扮演着举足轻重的角色。地方政府通过一系列有力的政策措施，如税收减免、财政补贴以及适度放宽环境管制等，能有效地促进各类生产要素的自由流通与高效配置。这些举措不仅加速了资源的优化配置，还深刻影响着制造业产业内部的结构调整，为制造业的转型升级铺设了坚实的道路。因此，本书将政府干预程度作为核心控制变量纳入研究范畴。（3）外商投资水平（FDI），用实际利用外商直接投资占地方生产总值的比重来衡量。外商直接投资为我国引入了宝贵的资金、先进的设备、优秀的人才以及前沿的技术。这些要素通过显著的技术外溢效应，有力地推动了我国的技术进步。在此过程中，技术外溢不仅促进了本土企业技术水平的提升，还进一步完善了企业的基础设施建设，提升了企业资源配置的效率与质量，使得资源能够更加精准地投入创新研发、生产优化及市场拓展等关键环节，最终促进我国制造业的转型升级。（4）交通发展水平（Trans），选择年度地区的人均货运总量来衡量。交通是制约地区经济发展的一个关键因素，其在推动制造业发展中扮演着举足轻重的角色。一方面，一个地区如果拥有发达的交通网络，将极大地促进制造业所需的各种生产要素，如原材料、零部件、人才以及信息等，实现快速流通和高效配置。这种高效的流通不仅加速了生产流程的衔接，还提升了制造业的整体运营效率，从而有力地推动了制造业的发展。另一方面，发达的交通还能显著降低制造业的运输成本。无论是将产品从生产线运送到仓库，还是从仓库分发到各个销售点，便捷的交通都能减少运输时间和费用。这不仅意味着制造业企业可以将更多的资源投入产品研发和市场拓展等关键环节，从而提升企业的核心竞争力，还直接提高了制造业的利润水平。

在门槛效应中，本书将可能影响数字金融的对外开放水平（OPEN）、人力资本水平（EDU）、区域创新水平（RD）、基础设施建设（INT）等变量作为门槛变量进行回归，门槛效应的检验结果如表 5-13 所示。

表 5-13　制造业升级作为被解释变量的门槛效应检验

门槛变量	门槛个数	门槛估计值	F 统计量	p 值	BS 次数
OPEN	单一门槛	1.094	17.45	0.200	300
EDU	单一门槛	1.020	3.68	0.903	300

续表

门槛变量	门槛个数	门槛估计值	F 统计量	p 值	BS 次数
RD	单一门槛	0.019	20.98	0.100	300
	双重门槛	0.017	5.51	0.757	300
INT	单一变量	0.002	19.26	0.087	300
	双重变量	0.005	7.05	0.633	300

由表 5 - 13 的分析结果可知，区域创新水平和基础设施建设在制造业升级过程中存在门槛效应特征。也就是说，只有当区域创新水平和基础设施建设积累达到或超过这一水平时，其对制造业升级的促进作用才会发生显著变化。具体而言：对外开放水平单一门槛估值为 1.094，此时 p 值为 0.200，未通过显著性检验，说明对外开放水平不存在门槛效应。人力资本水平的单一门槛估值为 1.020，p 值为 0.903，未通过显著性检验，说明人力资本水平不存在门槛效应。区域创新水平单一门槛估值为 0.019，p 值为 0.100，说明区域创新水平单一门槛效应在 10% 水平下显著；双重门槛效应估值为 0.017，p 值为 0.757，未通过显著性检验，说明区域创新水平不存在双重门槛。基础设施建设单一门槛估值为 0.002，p 值为 0.087，说明基础设施建设单一门槛效应在 10% 水平下显著；双重门槛效应估值为 0.005，p 值为 0.633，未通过显著性检验，说明基础设施建设不存在双重门槛。

进一步地，构建面板门槛模型来分析数字金融对制造业升级的非线性影响特征，回归结果如表 5 - 14 所示，由表 5 - 14 可知数字金融对制造业升级具有一定程度的推动作用。

表5-14　　　制造业升级作为被解释变量的参数估计结果

项目	(1) RD	(2) INT
UP_1	0.068* (0.175)	0.065* (0.185)
UP_2	0.166*** (2.658)	0.078** (1.976)
PGDP	0.068 (0.035)	0.197*** (2.558)
GOV	0.050 (0.130)	0.145 (0.130)
FDI	0.001 (0.017)	0.005 (0.017)
Trans	0.046 (0.035)	0.063* (1.735)
cons	1.466 (0.035)	1.868*** (3.439)
R^2	0.480	0.270
样本量	330	330

注：***、**、*分别表示在1%、5%、10%水平下显著，括号内为系数对应的标准误。

具体来看，当区域创新水平作为门槛变量时，数字金融与制造业升级之间存在一定的非线性关系，且这种关系是显著的。由表5-14的列（1）可知，当区域创新水平小于0.019时，制造业升级的回归系数是0.068，且在10%的置信水平下显著，当区域创新水平大于0.019时，制造业升级的回归系数是0.166，且在1%

的置信水平下仍然显著。这表明在区域创新水平较高的地区，数字金融对制造业升级的推动作用更加显著。这可能是因为在区域创新水平较高的地区，数字金融平台通过构建覆盖广泛的信息网络，实现了创新资源的高效配置和流动。这些平台不仅提供了金融服务，还促进了科技信息与金融信息的共享与融合，推动了金融知识与科技知识的融合与溢出。这种信息共享与知识溢出效应有助于企业获取最新的技术动态和市场信息，加速新技术的研发和应用，进而推动制造业的升级和发展。此外，在区域创新水平较高的地区，数字金融通过提供多样化的金融产品和服务，满足了不同创新主体的融资需求，为区域技术创新提供了稳定的资金支持。同时，数字金融还通过搭建创新服务平台、提供政策咨询等方式，帮助创新主体解决技术难题和市场风险，进一步提升区域技术创新的活力和效率。这种创新环境的营造有助于激发企业的创新动力，推动制造业向更高层次发展。

由表 5 - 14 的列（2）可知，当基础设施建设作为门槛变量时，数字金融与制造业升级之间存在一定的非线性关系，且这种关系是显著的。随着基础设施建设的逐渐完善，数字金融对制造业升级的促进作用也逐步提升。这可能是因为基础设施的完善为制造业数字化转型提供了坚实基础。数字金融能够基于更完善的数字足迹建立更系统的数字信任体系，提高服务覆盖范围和风险控制效率。对于数字化转型程度较高的企业，数字金融能够基于大数据、物联网等技术进行动态风控，为制造业提供更加精准、高效的金融服务。同时，数字金融的发展也推动了制造业企业加快数字化转型步伐，提升数字化水平，为制造业升级提供了有力支撑。

5.4.2　制造业升级对数字金融的影响

为探究制造业升级对数字金融的非线性影响，本节构造如下门槛模型：

$$DF_{it} = \beta_1 UP_{it} I(q_{it} \leq \gamma) + \beta_2 UP_{it} I(q_{it} > \gamma) + \beta_3 OPEN$$
$$+ \beta_4 EDU + \beta_5 RD + \beta_6 INT + \mu_i + \varepsilon_{it} \qquad (5-21)$$

式中，因变量为数字金融（DF），核心解释变量为制造业升级（UP），$I(\cdot)$ 为指示函数，q 为特定的门槛值，μ_i 为地区效应，ε_{it} 为随机扰动项。参考钱海章等（2020）的研究，选取影响制造业升级的控制变量包括：（1）对外开放水平（$OPEN$），采用外贸进出口总额占地区生产总值比重表征。对外开放有助于数字金融企业引进国际先进的技术和理念，如人工智能、区块链、大数据等，这些技术可以与金融业务深度融合，推动金融产品的创新和服务的升级。（2）人力资本水平（EDU），用平均受教育年限来表示人力资本水平。数字金融作为技术驱动的金融创新，其发展需要大量具备专业知识和技能的人才。人力资本水平的高低直接决定了数字金融领域的人才储备和创新能力。（3）区域创新水平（RD），用区域专利申请授权数量取对数表征。区域创新水平的提升还能够优化数字金融的生态环境。一方面，创新水平的提升能够吸引更多的金融机构和科技企业入驻该地区，形成数字金融产业集群，从而推动数字金融的发展。另一方面，创新水平的提升还能够促进政府、企业、金融机构等多方主体的协同合作，共同构建数字金融的生态系统，提升数字金融的服务质量和效率。

（4）基础设施建设（*INT*），用互联网普及率进行衡量。互联网是数字金融发展的关键基础设施，互联网普及率的提升意味着更多的人群和地区能够接入互联网，进而使用数字金融服务。

在门槛效应中，本书将可能影响制造业升级的变量经济发展水平（*PGDP*）、政府干预（*GOV*）、外商投资水平（*FDI*）、交通发展水平（*Trans*）作为门槛变量进行回归，门槛效应的检验结果如表 5 – 15 所示。

表 5 – 15　　　数字金融作为被解释变量的门槛效应检验

门槛变量	门槛个数	门槛估计值	*F* 统计量	*p* 值	BS 次数
PGDP	单一门槛	10.253	64.910	0.000	300
	双重门槛	10.613	38.090	0.003	300
	三重门槛	9.343	21.860	0.888	300
GOV	单一门槛	0.237	38.880	0.010	300
	双重门槛	0.321	12.960	0.527	300
FDI	单一门槛	4.617	8.030	0.787	300
Trans	单一门槛	3.021	7.180	0.507	300

由表 5 – 15 的分析结果可知，经济发展水平和政府干预在数字金融发展过程中存在门槛效应特征。也就是说，只有当经济发展水平积累达到或超过这一水平时，其对数字金融的促进作用才会发生显著变化。具体而言：经济发展水平单一门槛效应在统计上得到了验证，经济发展水平单一门槛估值为 10.253，*p* 值为 0.000，说明经济发展水平单一门槛效应在 1% 水平下显著；双重门槛效应估值为 10.613，*p* 值为 0.003，说明经济发展水平双重门槛效应在 1% 水平下显著；三重门槛效应检验的 *p* 估值为 9.343，*p* 值为

0.888，未通过显著性检验，说明经济发展水平不存在三重门槛。政府干预的单一门槛估值为 0.237，p 值为 0.010，在 1% 水平下显著，说明政府干预存在单一门槛效应；双门槛效应 p 值为 0.527，未通过显著性检验，说明政府干预不存在双重门槛效应。外商投资水平的单一门槛估值为 4.617，p 值为 0.787，未通过显著性检验，说明外商投资水平不存在门槛效应。交通发展水平单一门槛估值为 3.012，p 值为 0.507，未通过显著性检验，说明交通发展水平不存在门槛效应。

进一步地，构建面板门槛模型来分析制造业升级对数字金融的非线性影响特征，回归结果如表 5-16 所示。整体来看，制造业升级对数字金融具有一定程度的拉动作用。

表 5-16   数字金融作为被解释变量的参数估计结果

项目	(1) PGDP	(2) GOV
DF_1	2.413*** (0.493)	0.668*** (0.192)
DF_2	7.941*** (1.006)	3.549*** (0.621)
DF_3	11.124*** (1.117)	
OPEN	0.031*** (0.009)	0.019** (0.009)
EDU	0.346*** (0.022)	0.413*** (0.023)

项目	(1) PGDP	(2) GOV
INT	1.443 (1.696)	1.165 (1.838)
RD	7.499 (5.262)	4.730* (5.852)
cons	3.377*** (0.149)	2.518*** (0.132)
R^2	0.179	0.131
样本量	330	330

　　注：***、**、*分别表示在1%、5%、10%水平下显著，括号内为系数对应的标准误。

　　具体来看，当经济发展水平作为门槛变量时，数字金融与制造业升级之间存在一定的非线性关系，且这种关系是显著的。由表5-16中列（1）可知，当经济发展水平小于10.253时，数字金融的回归系数是2.413，且在1%的置信水平下显著，表明数字金融与制造业升级二者间存在正相关关系。在其他条件不变的情况下，制造业升级每增加1个单位，数字金融将提升2.413个单位。当经济发展水平大于10.253小于10.613时，数字金融的回归系数是7.941，且在1%的置信水平下显著，表明数字金融与制造业升级二者间存在正相关关系。在其他条件不变的情况下，制造业升级每增加1个单位，数字金融将提升7.941个单位。当经济发展水平大于10.613时，数字金融的回归系数是11.124，且在1%的置信水平下显著，表明数字金融与制造业升级二者间存在正相关关系。在其他条件不变的情况下，制造业升级每增加 1 个单位，数字金融将提升 11.124 个单位。不难看出，当经济发展水平逐渐提高时，制造业升级对数字金融的拉动作用也越来越大。这可能是由于随着经济的发展，制造业不断升级，向高端化、智能化、绿色化方向发展。这一过程中，制造业企业需要更多的资金支持来进行技术研发、设备更新、产能扩张等。同时，制造业企业也需要更加多元化、个性化的金融服务来满足其复杂的业务需求，从而推动了数字金融的发展。

由表 5-16 的列（2）知，当政府干预作为门槛变量时，数字金融与制造业升级之间存在一定的非线性关系，且这种关系是显著的。结果表明，当政府干预小于 0.237 时，数字金融的回归系数是 0.668，且在 1% 的置信水平下显著，表明数字金融与制造业升级二者间存在正相关关系；当政府干预大于 0.237 时，数字金融的回归系数是 3.549，且在 1% 的置信水平下仍然显著。这说明，当政府干预尚未跨过门槛值时，制造业升级对数字金融的拉动作用有限，当跨过门槛值后，制造业升级对数字金融的拉动作用明显提升。这表明在政府干预较强的地区，制造业升级对数字金融的拉动作用更明显。这可能是因为政府干预较强的地区，通常会有更加明确的产业政策和金融政策导向。这种政策引导有助于形成制造业升级与数字金融发展的良性互动，使得制造业升级对数字金融的拉动作用更加显著。

5.5　本章小结

系统验证变量间存在何种关系是分析数字金融与制造业升级协同发展度的基础和前提。本章综合采用双变量 LISA 模型、脱钩效应模型和面板门槛模型，分别探讨了数字金融与制造业升级及其子系统之间的内部影响机制、数字金融与制造业升级及其子系统间动态联动机制、数字金融与制造业升级及其子系统间非线性影响机制。主要得到以下结论：

（1）数字金融与制造业升级的时空关联特征分析方面。2012～2022 年，总体上，数字金融和制造业升级在空间分布上各自展现出了显著的邻近性特征，这种邻近性不仅体现为高水平发展区域之间的相互吸引与集聚，而且在空间上的低值区或较低值区也呈现出相应的邻近性，形成了一种空间上的"趋同"现象。数字金融与制造业升级的双变量 Moran's I 值呈现先降再增的波动增长型发展趋势。在研究后期，数字金融与制造业升级的空间关联性逐渐增强，表明随着数字金融的深入发展和制造业的不断升级，两者在空间上的集聚效应逐渐显现。2012～2022 年，整体来说数字金融对制造业升级的影响效应不断增强。随着时间推移，拥有高度数字金融发展优势与制造业升级强度的 HH 型省份数量均在增加。相应地，LL 型集聚区的省份数量则呈现出逐步下降的趋势。HH 型和 LL 型集聚区省份数量比例在整体中占据了显著的主体地位。

（2）数字金融与制造业升级的脱钩效应分析方面。数字金融与制造业升级脱钩关系的时间演化规律方面，2012～2022 年，我国省域数字金融与制造业升级的脱钩关系主要以扩张负脱钩和弱脱钩类型为主；整体来看，随着数字金融的不断发展，数字金融对制造业升级的带动作用呈现先减小后增大的波动发展态势。从制造业升级发展的趋势来看，数字金融对制造业升级的带动作用会随着时间推移越来越明显。脱钩关系空间变化规律方面，从数字金融与制造业升级脱钩类型空间分布来看，两者脱钩关系主要以扩张负脱钩和弱脱钩类型为主。相对理想状态省份空间分布由研究Ⅰ期的沿海地区逐渐扩展到研究Ⅲ期全国大部分地区；较理想状态省份在研究Ⅲ期主要为宁夏、青海、新疆等地；不理想状态省份在研究Ⅲ期降至0。

（3）数字金融与制造业升级的非线性交互影响方面。数字金融对制造业升级的非线性影响方面，数字金融对制造业升级存在正向的促进作用，但在不同门槛变量下的影响存在显著差异。当制造业升级作为因变量时，区域创新水平和基础设施建设存在单一门槛效应，当区域创新水平跨过门槛值0.019时，数字金融对制造业升级的带动作用明显提升。同样地，当基础设施建设跨过门槛值0.002时，制造业升级的回归系数由0.065上升至0.078，且在5%的置信水平下显著，说明随着基础设施建设的逐渐完善，数字金融对制造业升级的推动作用也不断提升。制造业升级对数字金融的线性影响方面，制造业升级对数字金融存在正向的拉动作用，但在不同门槛变量下的影响存在显著差异。当数字金融作为因变量时，经济发展水平和政府干预分别存在双重门槛效应和单一门槛效应。当经济发展水平小于10.253时，制造业升级每增加1个单位，数字金融将提升2.413个单位。当经济发展水平大于10.253小于10.613时，制造业升级每增加1个单位，数字金融将提升7.941个单位。当经济发展水平大于10.613时制造业升级每增加1个单位，数字金融将提升11.124个单位。不难看出，当经济发展水平逐渐提高时，制造业升级对数字金融的拉动作用也越来越大。当政府干预小于0.237时，数字金融的回归系数是0.668，当政府干预大于0.237时，数字金融的回归系数是3.549，且在1%的置信水平下仍然显著。这说明在政府干预较强的地区，制造业升级对数字金融的拉动作用更强。

第6章　数字金融与制造业升级协同发展测度及其演化特征

通过第5章的研究我们发现数字金融与制造业升级存在协同关系，因此，本章在综合测度数字金融与制造业升级系统发展水平的基础上，采用探索性空间数据分析、时空跃迁分析等方法揭示了数字金融与制造业升级协同发展的空间分异特征以及时空跃迁路径。

6.1　研究方法

6.1.1　协同发展度测算模型

耦合度是一个综合性的参数，它表征了两个或两个以上系统之间相互影响、相互作用的程度。这种影响和作用可能表现为能量的交换、信息的传递、物质的流动等多种形式，是系统间关联性和协同性的重要体现。通过耦合度的测量和分析，我们可以更加清晰地了解系统间的互动关系，以及它们如何共同作用于整个系统环境，为系统的优化设计和调控提供有力的依据。参考相关研究并结合本书研究实际，构建数字金融（DF）与制造业升级（UP）耦合度模型，公式如下：

$$C = DF \times UP/\left[(DF + UP)/2\right]^k \qquad (6-1)$$

式中，C 为数字金融（DF）与制造业升级（UP）耦合度，C 值处于 $0 \sim 1$ 之间，C 值越大，表明系统间耦合性越好；DF、UP 分别为数字金融与制造业升级评价值；k 为调节系数，一般 k 值处于 $2 \sim 5$ 之间，因本书的耦合度模型由两个子系统构成，因此取 k 值为 2。

耦合度这一参数仅能够反映数字金融（DF）与制造业升级（UP）之间交互作用的强弱程度，以及它们所构成的整个系统的发展状态是趋向于有序还是无序，它并不能全面揭示数字金融（DF）与制造业升级（UP）这一整体系统所实现的综合效益或功能的大小（郭向阳等，2020）。因此，为了更深入地理解这两个要素间的协同发展状况，以及它们如何共同作用于整体系统的性能优化，需要进一步构建一个数字金融（DF）与制造业升级（UP）的协同发展度模型。这个模型旨在综合评估两个系统要素在相互作用过程中的协同效果和整体功能的发挥程度。具体计算公式如下：

$$D = \sqrt{C \times T} \qquad (6-2)$$

式中：D 为数字金融与制造业升级的协同发展度；T 为综合调和指数，$T = \alpha DF + \beta UP$，α、β 为待定系数，且 $\alpha + \beta = 1$，本书认为数字金融与制造业升级两个系统同等重要，故 $\alpha = \beta = 0.5$。

在此基础上，为了更深入地揭示数字金融与制造业升级两个系统的相对发展程度，并探寻数字金融与制造业升级协同发展的弱项与短板，我们引入相对发展度模型。该模型通过计算两个系统各自的综合评价指数之间的比值，来反映它们之间的相对发展状态。计算公式如下：

$$E = DF/UP \qquad\qquad (6-3)$$

为了进一步揭示数字金融（DF）与制造业升级（UP）协同发展度的等级类别及其在不同时间和空间的差异特征，本书采用均匀分布法来划定数字金融与制造业升级协同发展度的区间和等级（彭邦文等，2016）。这种方法通过合理划分协同发展度的取值范围，能够清晰地展示出不同区域或不同时间段内两者协同发展状态的高低和变化趋势。具体划分标准详见表 6 - 1，该表根据协同发展度的数值范围，将其分为若干等级，每个等级代表了不同的协同发展状态。例如，较低的协同发展度可能意味着数字金融与制造业升级之间尚未形成良好的互动机制，存在资源分配不均、发展不平衡等问题；而较高的协同发展度则表明两者之间的相互作用紧密，相互促进，形成了良好的协同效应。

表 6 - 1　　　　　　　协同发展度等级划分标准

序号	协同发展度	协同等级
1	$0.1 \leqslant D < 0.3$	勉强协调
2	$0.3 \leqslant D < 0.5$	初级协调
3	$0.5 \leqslant D < 0.7$	中级协调
4	$0.7 \leqslant D < 1.0$	优质协调

6.1.2 协同发展度时空特征分析方法

1. 探索性空间数据分析

空间自相关分析的核心目的在于量化地理要素在空间上的相互关联模式，这些模式可以包括集聚（即相似值在空间上紧密相邻）、分散（不同值在空间上交错分布）或是随机分布（无明显空间规律）。根据分析尺度的不同，空间自相关进一步细分为全局空间自相关和局部空间自相关两大类别：全局空间自相关侧重于评估整个研究区域内地理要素的整体空间关联性，而局部空间自相关则关注于识别特定区域或子区域内的空间异质性，即哪些局部地区存在显著的集聚或离散现象。本书采用 ArcGIS 10.2 软件利用其内置的探索性空间数据分析（ESDA）模块探讨数字金融与制造业升级之间的协同发展度的空间特征（Ord & Getis，1995），并分别选取全局 Moran's I 指数和 Getis-Ord Gi 指数作为全局和局部空间自相关分析的核心指标（齐元静等，2013）。全局 Moran's I 指数是一种常用的全局空间自相关度量工具，能够量化整个研究区域内地理要素值的总体空间聚集程度；而 Getis-Ord Gi 指数则是一种局部空间关联性分析的有效方法，能够探测出具有统计显著性的热点（高值集聚区）和冷点（低值集聚区）。具体计算公式如下：

$$GMI = \frac{\sum_{i=1}^{n} \sum_{j=1}^{n} W_{ij}(X_i - \bar{X})(X_j - \bar{X})}{S^2 \sum_{i=1}^{n} \sum_{j=1}^{n} W_{ij}} \tag{6-4}$$

$$G_i^*(d)^2 = \sum_{j=1}^{n} W_{ij}(d) X_j \Big/ \sum_{j=1}^{n} X_j \tag{6-5}$$

式（6-4）中，$S^2 = \frac{1}{n}\sum_{j=1}^{n}(X_i - \bar{X}^2)$，$\bar{X} = \frac{1}{n}\sum_{j=1}^{n}X_i$；$n$ 为研究单元数量；X_i 和 X_j 分别为属性特征 X 不同在空间单元 i 和 j 上的表现。

为了进一步研究这些空间单元之间的关联性，特别是它们是否因地理位置的接近而表现出相似的属性值，我们引入了空间权重矩阵 W_{ij}。W_{ij} 代表了空间单元 i 和 j 之间的空间关系，其中空间关系的确定常采用邻近标准，如果两个空间单元相邻，则它们之间的 W_{ij} 值为正（通常设为 1），否则为 0（表示不相邻）。

全局空间关联特征（GMI）是衡量数字金融与制造业升级协同发展度的全局空间关联性，即这两个因素在整个区域内是否呈现出显著的空间集聚或分散趋势。$Z(G_i)$ 是 G_i 统计量的标准化形式，$Z(G_i^*)^2 = G_i^* - E(G_i^*)/\sqrt{Var(G_i^*)}$，它用于衡量每个空间单元的 G_i 值与其期望值的偏离程度。在本书中，我们利用 ArcGIS 10.2 软件中的 Nature Break 分类方法，对 $Z(G_i)$ 的结果进行了分类，具体分为热点、次热点、次冷点和冷点四个类别。

2. LISA 时空路径与时空跃迁分析

LISA 时间路径是局部 Moran's I 在散点图转移的连续表达，也可视为 LISA 马尔可夫转移矩阵的一种连续性表达。LISA 时间路径主要用于描述样本区域在 Moran's I 散点图上随时间移动的轨迹。这种移动轨迹反映了区域属性值和其空间滞后量随时间的成对变化，从而揭示区域空间结构的动态性和局部空间差异的时空动态性。通过 LISA 时间路径的移动长度、弯曲度等几何特征的分析，可以揭示数字金融与制造业升级协同发展度的发展趋势和动态性特征。通过计算和分析 LISA 时间路径长度，能够直观地展示数字金融与制造业升级协同发展度随时间的变化趋势（黄睿等，2018）。
LISA 时间路径长度计算公式如下：

$$d = \frac{N \sum_{t=1}^{T} d(L_{i,t}, L_{i,t+1})}{\sum_{i=1}^{N} \sum_{t=1}^{T} d(L_{i,t}, L_{i,t+1})} \quad (6-6)$$

式中：N 为研究覆盖的地域范围或样本数量；T 为研究的时间跨度，通常是一个连续的时间序列；$L_{i,t}$ 为 i 单元在 Moran's I 散点图上的坐标，反映了该单元与其相邻单元之间的空间相关性；$d(L_{i,t}, L_{i,t+1})$ 衡量了研究单元在连续年份间在 Moran's I 散点图上移动的距离。

LISA 时间路径弯曲度能够直观地展示数字金融与制造业升级协同发展度局部空间结构的波动性特征（陈刚强等，2014），LISA 时间路径弯曲度计算公式如下：

$$f = \frac{\sum_{t=1}^{T} d(L_{i,t}, L_{i,t+1})}{d(L_{i,t}, L_{i,t+1})} \quad (6-7)$$

式中，$d(L_{i,t}, L_{i,t+1})$ 为研究单元 i 从首年（第 1 年）到末年（第 T 年）在 Moran's I 散点图上移动的总距离。这个距离反映了研究单元在长时间序列内空间相关性的变化程度。f 越大，弯曲度越大，说明研究单元的空间位置在 Moran's I 散点图上的移动轨迹越曲折，即其局部空间结构的波动越剧烈。

LISA 时空跃迁指的是样本区域从一种空间自相关状态转变到另一种空间自相关状态的过程。LISA 时空跃迁可以揭示数字金融与制造业升级协同发展度的时序变化特征。本书运用 LISA 时空跃迁测度数字金融与制造业升级协同发展度的局部空间关联状态。
LISA 时空跃迁的类型通常根据样本区域与其邻域之间的空间自相
关状态变化，划分为 I 型、II 型、III 型、IV 型 4 种类型。I 型表示
随时间推移，研究区域不发生形态间的转移，全部位于转移矩阵
的主对角线上，即样本区域及其邻域的空间自相关状态保持不变。
II 型表示样本区域自身发生跃迁，但邻域的空间自相关状态不变。
这种跃迁反映了样本区域内部属性的变化，而邻域则保持稳定。
III 型表示样本区域的空间自相关状态不变，但其邻域发生跃迁。
这种跃迁揭示了邻域空间结构的变化对样本区域的影响。IV 型表
示样本区域及其邻域都发生跃迁。这种跃迁是区域空间结构整体
变化的表现，可能涉及多个相邻区域的协同变化。表 6 - 2 归纳整
理了这四种类型。

表 6 - 2　　　　　　　　　　时空跃迁类型

类型	时空跃迁形式	符号表达
I 型	自身稳定—邻域稳定	$HH_t \rightarrow HH_{t+1}$、$HL_t \rightarrow HL_{t+1}$、$LL_t \rightarrow LL_{t+1}$、$LH_t \rightarrow LH_{t+1}$
II 型	自身跃迁—邻域稳定	$HH_t \rightarrow LH_{t+1}$、$LH_t \rightarrow HH_{t+1}$、$HL_t \rightarrow LL_{t+1}$、$LL_t \rightarrow HL_{t+1}$
III 型	自身稳定—邻域跃迁	$HH_t \rightarrow HL_{t+1}$、$LH_t \rightarrow LL_{t+1}$、$HL_t \rightarrow HH_{t+1}$、$LL_t \rightarrow LH_{t+1}$
IV 型	自身跃迁—邻域跃迁	$HH_t \rightarrow LL_{t+1}$、$LL_t \rightarrow HH_{t+1}$、$LH_t \rightarrow HL_{t+1}$、$HL_t \rightarrow LH_{t+1}$

6.2　数字金融与制造业升级协同发展测度

6.2.1　协同发展测度结果

表6－3为数字金融与制造业升级协同发展测度结果。由表6－3可知，2012～2022年，省域数字金融与制造业升级协同发展度取值范围在0.067～0.814之间，按照前文对协同发展度的划分标准，我国省域数字金融与制造业升级协同发展度等级分别属于勉强协调型、初级协调型、中级协调型和优质协调型。2022年，协同发展度位于首位的省域是北京，协同发展度为0.814，紧随其后的广东、浙江和上海的协同发展度分别为0.751、0.719和0.708，以上四省域都属于优质协调型；安徽、天津、陕西、福建、重庆、江苏、江西、四川协同发展度分别为0.507、0.532、0.549、0.551、0.577、0.604、0.611、0.646，均属于中级协调型；河北、甘肃、黑龙江、山东、广西、辽宁、贵州、宁夏、山西、青海、云南、湖南、海南、河南、湖北的协同发展度分别为0.312、0.315、0.341、0.347、0.372、0.399、0.412、0.420、0.428、0.454、0.465、0.481、0.482、0.493、0.494，都属于初级协调型；新疆、内蒙古和吉林的协同发展度分别为0.178、0.249和0.289，均属于勉强协调型。相对于2012年来说，2022数字金融与制造业升级协同发展情况明显转好，说明随着数字金融的快速发展，各地区制造业能够加快向高技术、高附加值领域转型，优化产业结构，提升国际竞争力。

表 6 - 3　2012～2022 年省域数字金融与制造业升级协同发展度

省份	2012 年	2013 年	2014 年	2015 年	2016 年	2017 年	2018 年	2019 年	2020 年	2021 年	2022 年
安徽	0.270	0.298	0.310	0.347	0.370	0.387	0.395	0.422	0.419	0.461	0.507
北京	0.519	0.546	0.545	0.561	0.565	0.580	0.601	0.622	0.680	0.704	0.814
福建	0.406	0.420	0.418	0.408	0.413	0.426	0.442	0.445	0.529	0.501	0.551
甘肃	0.159	0.166	0.176	0.184	0.199	0.219	0.222	0.226	0.253	0.256	0.315
广东	0.531	0.577	0.581	0.597	0.612	0.638	0.665	0.694	0.726	0.740	0.751
广西	0.274	0.308	0.336	0.358	0.387	0.402	0.364	0.372	0.358	0.351	0.372
贵州	0.309	0.312	0.299	0.338	0.374	0.395	0.422	0.463	0.434	0.409	0.412
海南	0.308	0.381	0.363	0.363	0.400	0.411	0.443	0.442	0.520	0.488	0.482
河北	0.217	0.226	0.235	0.245	0.264	0.270	0.277	0.282	0.252	0.270	0.312
河南	0.269	0.326	0.348	0.366	0.393	0.401	0.387	0.469	0.369	0.398	0.493
黑龙江	0.266	0.274	0.283	0.293	0.310	0.283	0.311	0.293	0.260	0.226	0.341
湖北	0.308	0.329	0.335	0.354	0.383	0.401	0.417	0.425	0.421	0.429	0.494
湖南	0.306	0.338	0.367	0.380	0.396	0.402	0.402	0.420	0.433	0.445	0.481
吉林	0.299	0.314	0.333	0.353	0.377	0.392	0.347	0.299	0.221	0.232	0.289
江苏	0.479	0.516	0.518	0.526	0.539	0.551	0.551	0.570	0.511	0.552	0.604

续表

省份	2012年	2013年	2014年	2015年	2016年	2017年	2018年	2019年	2020年	2021年	2022年
江西	0.344	0.366	0.376	0.379	0.411	0.430	0.464	0.495	0.503	0.547	0.611
辽宁	0.276	0.287	0.288	0.297	0.315	0.346	0.356	0.354	0.348	0.359	0.399
内蒙古	0.182	0.170	0.181	0.187	0.200	0.198	0.235	0.235	0.189	0.214	0.249
宁夏	0.167	0.144	0.134	0.144	0.246	0.299	0.288	0.285	0.314	0.335	0.420
青海	0.153	0.196	0.213	0.220	0.290	0.323	0.321	0.300	0.331	0.329	0.454
山东	0.316	0.335	0.342	0.354	0.372	0.379	0.352	0.370	0.267	0.301	0.347
山西	0.183	0.250	0.265	0.286	0.326	0.354	0.342	0.351	0.404	0.400	0.428
陕西	0.338	0.355	0.359	0.380	0.404	0.438	0.440	0.459	0.517	0.521	0.549
上海	0.515	0.544	0.539	0.550	0.563	0.567	0.559	0.568	0.598	0.604	0.708
四川	0.391	0.435	0.464	0.473	0.462	0.483	0.502	0.525	0.557	0.602	0.646
天津	0.427	0.469	0.485	0.486	0.489	0.487	0.558	0.503	0.416	0.464	0.532
新疆	0.095	0.067	0.069	0.076	0.131	0.146	0.164	0.184	0.164	0.197	0.178
云南	0.212	0.223	0.233	0.238	0.258	0.291	0.305	0.315	0.400	0.442	0.465
浙江	0.332	0.347	0.354	0.364	0.384	0.400	0.425	0.440	0.480	0.518	0.719
重庆	0.379	0.461	0.494	0.521	0.533	0.560	0.600	0.627	0.624	0.664	0.577

6.2.2　协同发展类型划分

为了更直观地分析数字金融与制造业升级协同发展的特点，本小节在数字金融与制造业升级协调阶段划分的基础上，依据相对发展度的测算结果，进一步将各省份细分为 4 个发展类型（见表 6-4），并针对每个类型逐一进行详细解析，以便更清晰地展现各地区的数字金融与制造业升级协同发展现状及特点。

表 6-4　　数字金融与制造业升级协同发展类型划分及分布

协同发展度	协同发展等级	相对发展度	协调亚等级	省份
$0.1 \leq D < 0.3$	勉强协调	$0 < E \leq 0.8$	勉强协调 – 数字落后	内蒙古、吉林、新疆
$0.3 \leq D < 0.5$	初级协调	$0 < E \leq 0.8$	初级协调 – 数字落后	贵州、海南、河南、湖北、湖南、宁夏、山东、山西、云南、甘肃、广西、河北、黑龙江、辽宁、青海
$0.5 \leq D < 0.7$	中级协调	$0.8 < E \leq 1.2$	中级协调 – 同步发展	江苏、江西、四川、安徽、福建、陕西、天津、重庆
$0.7 \leq D < 1.0$	优质协调	$0.8 < E \leq 1.2$	优质协调 – 同步发展	北京、广东、浙江、上海

1. 勉强协调 – 数字落后

该类型区包含内蒙古、吉林、新疆 3 个省份，占样本总数的 10%。这一类型区域主要以西部地区为主，其数字金融系统与制造业升级之间的关系呈现出一种"低水平—相对较高水平"的发展态势。首先，这些省份由于地理位置、教育资源分配、科研投入等多种因素的综合影响，数字技术研发与创新能力相对滞后。其次，新兴数字产业在这些省份的占比相对较小，尚未形成规模效应和集群效应。这使得这些地区在利用数字技术推动产业升级、培育新兴产业方面进展缓慢，难以充分发挥数字经济对经济增长的拉动作用。最后，传统产业向数字化转型的步伐也显得较为迟缓。由于资金、技术、人才和观念上的限制，这些省份的传统产业在数字化转型的道路上都面临着诸多困难，难以迅速适应市场需求的变化，实现生产效率和服务质量的提升。为了破解这一困境，亟须采取有力措施，着力提高数字化发展水平，通过政策引导、资金投入、人才培养等多种方式，加速数字技术的普及和应用，推动制造业向智能化、高端化转型，进而促进数字金融与制造业升级协同发展向更高层次跃迁。

2. 初级协调 – 数字落后

该类型区包含贵州、海南、河南、湖北、湖南、宁夏、山东、山西、云南、甘肃、广西、河北、黑龙江、辽宁、青海 15 个省份，占样本总数的 50%。这些省份在制造业升级方面展现出了相对较快的速度和较强的潜力。然而，尽管制造业升级取得了显著进展，但数字金融的发展却相对滞后，成为制约数字金融与制造业升级协同发展的重要因素。在这些省域中，数字金融的发展水平尚未能与制造业升级的需求相匹配，导致金融资源难以有效配置到制造业的关键领域和薄弱环节，制约了制造业向更高层次、更高质量发展的步伐。为了推动数字金融与制造业升级的协同发展，这些省域需要采取一系列有力措施。首先，要加大对金融科技的投入和创新力度，提升数字金融的核心竞争力；其次，要完善金融服务体系，为制造业提供更加精准、高效的金融支持；同时，还要优化金融生态环境，加强风险防控机制建设，提高金融服务的透明度和安全性；最后，要注重金融人才的培养和引进，为数字金融与制造业升级提供坚实的人才支撑。

3. 中级协调 – 同步发展

该类型区包含江苏、江西、四川、安徽、福建、陕西、天津、重庆等 8 个省份，占样本总数的 26.67%。这些地区数字金融与制造业升级协同发展处于中级协同发展状态，耦合系统趋于优化，两者之间的融合与互动取得了实质性的进展，离实现数字金融与制造业升级优质协调的目标仍存在一定的差距。这可能是由于这些地区数字金融的创新能力和服务水平仍有待提升，需要进一步加强金融科技研发和应用，提高金融服务的智能化、个性化和便捷性。另外，这些地区制造业的数字化转型深化不足，特别是在智能制造、绿色制造等领域，需要加大投入力度，推动制造业向更高质量、更高效率方向发展。为了缩小这一差距，推动数字金融与制造业升级向更高层次的优质协同发展，这些地区需要继续加大政策支持力度，优化营商环境，激发市场活力。同时，还需要加强区域间的交流合作，共同探索数字金融与制造业升级协同发展的新路径、新模式。

4. 优质协调 - 同步发展

该类型区包含北京、广东、浙江、上海等 4 个省份，占样本总数的 13.33%。这些地区数字金融发展势头强劲，制造业升级水平持续提升，数字金融和制造业升级均取得显著成果。在数字金融方面，这些地区凭借强大的科技创新能力、丰富的金融资源和开放的市场环境，推动了数字金融的快速发展。金融科技企业的不断涌现、金融服务的智能化升级、金融生态的持续优化，为数字金融的蓬勃发展提供了有力支撑。此外，这些地区的数字金融不仅服务效率高、覆盖面广，而且在风险防控、产品创新等方面也走在了全国前列。在制造业升级方面，这些地区通过技术创新、产业升级和结构调整，不断提升制造业的竞争力和附加值；智能制造、绿色制造、高端制造等新兴业态的快速发展，为制造业注入了新的活力。同时，这些地区还积极推动制造业与服务业的融合发展，形成了一批具有国际竞争力的产业集群和领军企业。未来，这些地区应继续深化数字金融与制造业升级的协同发展，推动两者之间的深度融合和相互促进。通过加强政策引导、优化营商环境、激发市场活力等措施，进一步推动数字金融与制造业升级向更高层次、更高质量协同发展。

6.3　数字金融与制造业升级协同发展的空间格局

6.3.1　协同发展的空间关联

本节借助 ArcGIS 10.2 中的探索性空间数据分析（ESDA）工

具，从全域视角出发，对数字金融与制造业升级协同发展度的空间依赖性及差异性进行深入的研究与分析。由表 6 - 5 的结果可知，2012 ~ 2022 年，数字金融与制造业升级协同发展度的全局 Moran's I 值总体呈现出波动上升的趋势，其数值区间为 0.267 ~ 3.453，全局 Moran's I 值均为正值。这表明数字金融与制造业升级两者之间存在正向的空间关联性，且这种关联性呈现逐步增强趋势。进一步分析显示，大部分全局 Moran's I 指数值均至少通过了 10% 的显著性水平检验，这意味着数字金融的发展不仅直接促进了当地制造业转型升级，还通过空间溢出效应对周边地区的制造业升级产生了积极影响，高等级协调的城市在空间上相互邻近，彼此受益，形成了良性互动的局面。此外，数字金融与制造业升级协同发展度指数的空间集聚关联程度在波动中呈现出增强态势，这表明随着时间的推移数字金融与制造业升级之间的协同发展关系日益紧密。

表 6 - 5　　2012 ~ 2022 年数字金融与制造业升级协同
发展度全局 Moran's I 值

年份	Moran's I	z 得分	p 值	年份	Moran's I	z 得分	p 值
2012	0.267	1.694	0.098	2018	2.143	0.908	0.036
2013	0.337	1.773	0.083	2019	2.854	0.284	0.005
2014	0.308	1.328	0.195	2020	2.970	1.035	0.004
2015	0.407	1.598	0.118	2021	3.453	1.792	0.001
2016	0.358	1.052	0.305	2022	3.312	1.469	0.001
2017	0.344	1.035	0.313				

6.3.2　协同发展的区域差异

图 6-1 展示了我国各地区数字金融与制造业升级协同发展度均值随时间推移的演变情况。由图 6-1 可知，东部地区和中部地区的数字金融与制造业升级协同发展度相对较高，这可能是由于这些地区经济基础较为发达，数字金融与制造业升级的融合程度较好。西部地区数字金融与制造业升级协同发展度则相对落后，这可能是由于这些地区在数字金融基础设施建设、制造业发展以及两者之间的融合机制构建上还存在一定的短板。然而，值得注意的是，全国所有地区的数字金融与制造业升级协同发展度均呈现出随时间不断提高的趋势，这标志着我国各地区在推动数字经济与实体经济深度融合、促进制造业转型升级方面均取得了积极的进展。

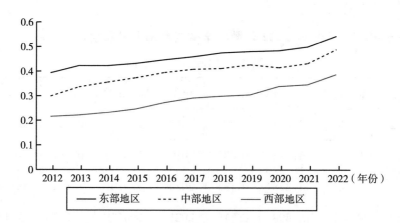

图 6-1　各地区数字金融与制造业升级协同发展度

表 6-6 结果显示，我国各地区数字金融与制造业升级协同发展的平均水平逐年提高。就提高幅度而言，东部地区由 2012 年的

0.393 提高到 2022 年的 0.543，提高幅度为 0.150；中部地区由 2012 年的 0.299 提高到 2022 年的 0.489，提高幅度为 0.190；西部地区由 2012 年的 0.216 提高到 2022 年的 0.388，提高幅度为 0.172。综合来看，我国各地区在数字金融与制造业系统的协同发展度上均取得了不同程度的提升，西部地区虽然起点较低，但同样展现出了积极的增长态势，这表明我国数字金融与制造业升级协同发展存在良好趋势。

表 6 - 6　　各地区数字金融与制造业升级协同发展水平

年份	东部地区		中部地区		西部地区	
	协同发展度	协同水平	协同发展度	协同水平	协同发展度	协同水平
2012	0.393	初级协调	0.299	勉强协调	0.216	勉强协调
2013	0.423	初级协调	0.336	初级协调	0.222	勉强协调
2014	0.424	初级协调	0.356	初级协调	0.232	勉强协调
2015	0.432	初级协调	0.374	初级协调	0.247	勉强协调
2016	0.447	初级协调	0.395	初级协调	0.273	勉强协调
2017	0.459	初级协调	0.409	初级协调	0.292	勉强协调
2018	0.475	初级协调	0.412	初级协调	0.299	勉强协调
2019	0.481	初级协调	0.427	初级协调	0.305	初级协调
2020	0.484	初级协调	0.415	初级协调	0.339	初级协调
2021	0.500	中级协调	0.432	初级协调	0.347	初级协调
2022	0.543	中级协调	0.489	初级协调	0.388	初级协调

6.4　数字金融与制造业升级协同发展的跃迁路径

6.4.1　LISA 时间路径

本小节对数字金融与制造业升级协同发展水平的 LISA 时间路径的相对长度与弯曲度进行测算。LISA 时间路径的相对长度反映了各地区数字金融与制造业升级协同发展水平相对于整体平均水平的波动范围和持久性，较长的路径意味着该地区数字金融与制造业升级协同发展水平在考察期间内经历了较大的变化或保持了较长时间的稳定偏离状态。而弯曲度则揭示了这种变化过程的平滑程度或波动性，高弯曲度表明路径上可能存在较多的起伏或转折点，反映了数字金融与制造业升级协同发展进程中可能遭遇了政策调整或技术变革等外部冲击。表 6 - 7 列出了中国各省份的 LISA 时间路径相对长度与弯曲度的具体数值。

表 6 - 7　2012 ~ 2022 年数字金融与制造业升级协同发展
水平 LISA 时间路径和弯曲度测算结果

地区	LISA 时间路径长度	LISA 时间路径弯曲度
北京	1.696	6.351
天津	1.138	4.056
河北	0.814	1.468
山西	0.524	3.057
内蒙古	0.426	2.473

地区	LISA 时间路径长度	LISA 时间路径弯曲度
辽宁	0.615	12.767
吉林	0.718	1.659
黑龙江	0.538	1.467
上海	2.269	1.781
江苏	0.944	2.550
浙江	1.389	1.162
安徽	0.570	1.377
福建	1.175	1.533
江西	0.835	2.105
山东	1.057	2.875
河南	0.547	1.534
湖北	0.585	1.776
湖南	1.081	2.176
广东	2.057	2.172
广西	0.875	4.706
海南	2.053	2.168
重庆	1.957	5.536
四川	0.760	1.755
贵州	0.495	2.517
云南	0.572	3.041
陕西	0.603	8.305
甘肃	0.546	1.538
青海	1.788	1.700
宁夏	0.607	4.589

续表

地区	LISA 时间路径长度	LISA 时间路径弯曲度
新疆	1.064	2.087
东部	1.383	3.535
中部	0.675	1.894
西部	0.882	3.477
全国	1.000	3.076

由表 6-7 可知，2012~2022 年，数字金融与制造业升级协同发展度 LISA 时间路径长度小于 1 的省份有 18 个，占所研究省份总数的 60%，表明区域数字金融与制造业升级协同发展度的整体空间格局具有一定稳定性。其中，北京、上海、广东、海南、青海等地区相对长度均大于 1.5，说明这些地区数字金融与制造业升级的协同发展水平提升较为明显，研究期内空间动态性变化更为明显。内蒙古、贵州两个地区 LISA 时间路径长度小于 0.5，说明内蒙古和贵州数字金融与制造业升级协同发展度水平提升缓慢，研究期内空间动态性变化小，空间格局较为稳定。从区域层面看，东部、中部及西部地区的数字金融与制造业升级协同发展度在时间路径上的相对长度分别为 1.383、0.675 和 0.882，均值存在显著差异。这表明，中国不同区域在数字金融与制造业升级协同发展进程中存在不同步性，东部要快于西部，中部最慢。这可能是由于东部地区凭借其优越的地理位置、丰富的资源禀赋以及先进的科技创新能力，在数字金融与制造业升级协同发展上取得了显著进展，其局部空间结构因此变得更为动态和活跃。相比之下，中部和西部地区的局部空间结构则相对更为稳定。虽然这些地区在数字金融与制造业升级协同发展方面也在不断努力和探索，但由于历史、

地理、经济等多方面因素的制约，其数字金融与制造业升级协同发展水平的提升速度相对较慢，区域间的差异性和互补性也相对较弱。

进一步地，表6-7显示中国不同区域数字金融与制造业升级协同发展度的空间结构也具有稳定的空间依赖方向。表6-7中，数字金融与制造业升级协同发展度的LISA时间路径弯曲度小于全国均值3.076的省份有23个，占所研究省份总数的76.67%，表明区域数字金融与制造业升级协同发展度水平的局部空间格局具有稳定性。其中，河北、黑龙江、浙江、安徽等省域的弯曲度小于1.5，说明这些地区的动态轨迹相较于全国平均水平更为简单，区域内部及与周边地区的联系不够紧密。从区域层面看，东部、中部及西部地区的数字金融与制造业升级协同发展度的弯曲度均值分别为3.535、1.894、3.477。东部地区的弯曲度均值最高，说明东部地区的数字金融与制造业升级的协同发展过程相对复杂多变，可能经历了较多的起伏和转折。这种复杂性可能源于东部地区作为中国经济最为发达的区域，其产业结构、技术创新、市场需求等方面均较为成熟且多元化，因此在数字金融与制造业融合发展的过程中，更容易受到多种因素的交织影响，导致协同发展度的变化轨迹较为曲折。中部地区的弯曲度均值相对较低，表明中部地区的数字金融与制造业升级的协同发展过程相对平稳，变化趋势较为一致。中部地区作为连接东部和西部的重要桥梁，其经济发展水平和产业结构虽然不及东部发达，但近年来在承接产业转移、推动产业升级等方面取得了显著成效，数字金融与制造业的融合也呈现出较为稳定的发展态势。西部地区的弯曲度均值接近东部地区，这反映出西部地区的数字金融与制造业升级的协同发展过程同样具有较大的波动性。西部地区虽然经济基础相对薄弱，但近年来在国家政策的支持下，加大了对数字金融和制造业的投入力度，推动了相关产业的快速发展。然而，西部地区在资源禀赋、基础设施、人才储备等方面与东部和中部地区存在差距，导致其数字金融与制造业融合的过程可能更容易受到外部环境和内部条件的双重影响，因此，其协同发展度的变化轨迹较为曲折。

6.4.2　LISA 时空跃迁

为了深入分析中国工业智能化的局部空间关联类型变迁情况，本书利用 Moran's I 转移概率矩阵表示不同地区之间数字金融与制造业升级协同发展水平的转移情况，结果见表 6 - 8。

表 6 - 8　　省域数字金融与制造业升级的协同发展的
Moran'I 转移概率矩阵

类型	省域数量/个	HH_{t+1}	LH_{t+1}	LL_{t+1}	HL_{t+1}
HH_t	4	IV (100.0)	I (0.0)	III (0.0)	II (0.0)
LH_t	7	I (0.0)	IV (100.0)	II (0.0)	III (0.0)
LL_t	13	III (0.0)	II (0.0)	IV (92.8)	I (7.2)
HL_t	6	II (0.0)	III (13.2)	I (43.8)	IV (42.7)

注：括号内的数字表示 Moran's I 转移概率。

总体来看，区域数字金融与制造业升级协同发展水平的局部空间关联结构表现出了较为稳定的特征，即多数省份数字金融与制造业升级协同发展水平缺乏明显的跳跃式进步，更多地依赖于其原有的基础和条件，以一种相对缓慢且持续的方式逐渐发展。

从局部空间的角度来看，地区数字金融与制造业升级协同发展水平在发展过程中呈现出显著的"路径依赖"现象。在对角线上的概率普遍大于非对角线上的概率，表明地区数字金融与制造业升级协同发展水平往往与其自身过去的状态或相邻类似地区的状态保持着较为紧密的联系，体现了地区数字金融与制造业升级协同发展过程中的一种自我强化和持续演化的趋势。分析发现，时空跃迁类型Ⅳ（即样本区域及其邻域都发生跃迁）的空间关联结构是最为普遍的类型，其比例高达 73.33%，表明一旦某一地区数字金融与制造业升级协同发展水平进入了某种特定的发展路径，就很难轻易跳出这一路径，其会在既定的轨道上持续前行，直至遇到外部环境的重大变化。从省域来看，高值区在地区数字金融与制造业升级协同发展进程中，面临着向下跃迁的风险，而低值区则更容易陷入低水平的"俱乐部"陷阱中。从高值区（HL_t）向低值区（LL_{t+1}）的转移概率高达 43.8%，这表明部分高值区数字金融与制造业升级协同发展的增长速度较为缓慢，甚至存在停滞不前的趋势，加大了其向下跃迁的风险。从低值区（LL_t）向低值区（LL_{t+1}）的转移概率高达 92.8%，这表明一旦某个省份陷入了低水平的协同发展状态，就极易形成难以摆脱的困境，该地区不仅无法推动自身的创新发展，还加剧了区域间的发展不平衡，进而变为相对稳定的区域"洼地"。如何有效地推动这些低值区域突破低水平的路径锁定，已经成为实现数字金融与制造业升级协同发展整体向好的关键所在。

6.5　本章小结

"时空演变"分析是理解地理要素在时间与空间维度上动态变

化情况的关键工具。本章重点探究了数字金融与制造业升级协同发展度的时空演化特征。我们主要采用探索性空间数据分析（ESDA）和 LISA 时间路径和时空跃迁分析方法（ESTDA）分析了数字金融与制造业升级协同发展度的空间关联性和时空变化。主要结论如下：

（1）2012～2022 年，中国各地区数字金融与制造业升级协同发展度均值显著提升，整体协调等级由初级协调跃迁至优质协调，数字金融与制造业升级协同发展取得实质性进展。各省份数字金融与制造业升级协同发展分为勉强协调－数字落后、初级协调－数字落后、中级协调－同步发展、优质协调－同步发展四种类型，其中，只有北京、广东、浙江及上海 4 省份属于优质协调－同步发展型。因此，政府需要加大对数字落后型省域的数字金融的投入力度，推动数字技术的广泛应用和深度融合，提升金融服务实体经济的效率和水平。同时，还需加强政策引导和支持，营造良好的数字金融生态环境，吸引更多的数字金融企业和人才落户，为制造业升级提供强有力的金融支撑。

（2）2012～2022 年，中国各地区数字金融与制造业升级协同发展度的全局 Moran's I 值呈现出波动上升的趋势，数字金融与制造业升级协同发展度存在正向的空间关联性，且这种关联性呈现逐步增强趋势。此外，各地区数字金融与制造业升级协同发展度存在显著差异，东部地区和中部地区相对较高，西部地区相对落后。因此，对于东部地区和中部地区，政府应继续鼓励和支持其数字金融与制造业的深度融合，推动两者在更高层次上的协同发展。对于西部地区，政府应给予更多的政策扶持和资金投入，帮助其加快数字金融和制造业的发展步伐。

（3）2012～2022 年，区域数字金融与制造业升级协同发展度的整体空间格局展现出了较强的空间稳定性特征。从区域层面看，LISA 时间路径的移动长度呈现出"东部＞西部＞中部"的差异化空间特征。其中，东部地区的局部空间结构更加动态化，中部地区的局部空间结构更加具有稳定性。此外，地区数字金融与制造业升级协同发展水平在发展过程中呈现出显著的"路径依赖"现象，高值区在地区数字金融与制造业升级协同发展进程中，面临着向下跃迁的风险，而低值区则更容易陷入低水平的"俱乐部"陷阱中。

第7章 数字金融与制造业升级协同发展机制检验

基于第6章关于数字金融与制造业升级协同发展空间分异特征以及时空跃迁路径的分析，本章将从内部内生力、交互影响力和外部驱动力三个维度对数字金融与制造业升级协同发展的机制进行系统实证检验。

7.1 研究方法与变量选择

7.1.1 内部影响机理分析方法

1. 岭回归分析模型

本书采用岭回归分析模型探究数字金融与制造业升级协同发展度时空格局演变的内部影响机理。根据研究目的，本书将数字金融与制造业升级协同发展度作为被解释变量，将数字金融子系统包括数字金融覆盖广度（WID）、数字金融使用程度（DEP）、数字化程度（DIG），以及制造业升级子系统，即制造业高端化

（HUP）、制造业绿色化（GUP）和制造业智能化（DUP）作为解释变量。构建如下模型：

$$Y = \beta_0 + \beta_1 x_1 + \beta_2 x_2 + \beta_3 x_3 + \cdots + \beta_i x_i + \varepsilon \qquad (7-1)$$

式中：Y 代表被解释变量，为各省份数字金融与制造业升级协同发展度；x_i 为第 i 个自变量；β_i 为第 i 个自变量的参数；β_0 代表截距项；ε 为误差项。

关于模型参数的估计，在自变量相互独立且满足其他线性回归假设的条件下，通常采用普通最小二乘法（OLS）模型进行参数估计。OLS 模型通过最小化残差平方和来寻找最优的回归系数，使得预测值与实际观测值之间的差异最小。然而，在现实的统计分析和数据建模过程中，各自变量之间往往存在一定程度的相关性，即所谓的共线性问题。当自变量之间存在共线性时，OLS 模型的参数估计可能会受到严重影响，导致回归系数的估计值不稳定、方差增大，甚至可能出现符号与实际意义相反的情况，即产生扭曲。这种扭曲不仅会降低模型的解释能力，还会影响模型的预测精度和可靠性。为了处理自变量之间的共线性问题，需要借助一定的手段进行改进和优化。岭回归是一种常用的处理共线性问题的方法，它可以较好地解决共线性导致的病态数据问题（张文彤和董伟，2015）。

岭回归通过引入一个与单位矩阵成 K 倍比例的矩阵（通常表示为 KI，其中 I 为单位矩阵，K 为岭参数，是一个大于 0 的常数），对原始回归模型的系数进行约束，以此来解决自变量间的多重共线性问题，从而使得原本因共线性而无法稳定估计的回归系数变得可估计。岭回归的研究步骤通常分为两个核心环节：第一步是

确定最佳的岭参数 K 值，合适的 K 值能够使得回归系数趋于稳定且符合实际意义。第二步是利用确定的 K 值进行岭回归建模，即将该 K 值代入岭回归方程中，通过求解岭回归正规方程组来获取最终的回归参数。岭回归模型中的回归参数由以下方程组得出：

$$\hat{\beta}(k) = (X'X + KI)^{-1}X'Y \qquad (7-2)$$

式中，$\hat{\beta}(k)$ 为岭回归模型中的回归参数，X' 是 X 的转置矩阵，I 为单位矩阵，$K>0$，Y 为被解释变量。对于岭参数 K 的选择，确实没有一种普遍适用且公认的最优标准。这是因为 K 值的选择高度依赖于具体的数据集特征、研究目的以及模型的复杂度。在实际应用中，研究者往往需要根据数据的实际情况和研究需求，结合多种方法和标准来综合判断。本书在探索岭参数 K 的最佳选择时，借鉴了以往研究文献中的经验和方法。参考郭源园和李莉（2017）的研究，本书基于方差扩大因子（VIF）的方法来选取 K 值，这种方法在处理多重共线性问题时表现出了良好的效果。VIF 是衡量自变量之间多重共线性严重程度的一个重要指标。在 OLS 回归中，如果某个自变量的 VIF 值较高，说明它与其他自变量之间存在较强的相关性，这可能导致回归系数的估计不稳定。而在岭回归中，通过引入岭参数 K，可以对回归系数进行约束，从而降低多重共线性的影响。具体步骤包括：首先，计算不同 K 值下各自变量的 VIF 值；然后，观察 VIF 值随 K 值的变化情况，寻找一个合适的 K 值，使得在降低多重共线性的同时，尽可能保持模型的解释能力和预测精度。通过这种方式，本书力求在多重共线性问题和模型性能之间找到一个平衡点，从而得到更加稳健和可靠的岭回归模型。

在以上模型的基础上，本书构建了数字金融与制造业协同发展度内部驱动力模型，并借助 SPSSAU 数据科学分析平台进行运作，该平台集成了丰富的数据分析功能，包括但不限于 T 检验、方差分析、回归分析等多种分析方法。在自变量选取方面，我们首先需要明确 K 值的取值范围，通常 K 值位于（0，1）之间。通过岭回归分析发现，数字金融覆盖广度（WID）、数字金融使用程度（DEP）、数字化程度（DIG）、制造业高端化（HUP）、制造业绿色化（GUP）和制造业智能化（DUP）的回归系数均相对稳定，因此以上 6 个自变量均可引入模型。其次，根据选取的自变量确定 K 值。最后，确定全国、东部地区、中部地区和西部地区的 4 个驱动力模型的 K 值分别为 0.01、0.02、0.01、0.01。

2. 分位数回归模型

分位数回归则考虑因变量 Y 在不同分位点上的条件分布，有效降低了这些因素的影响，从而得出更加稳健和可靠的结论。面板分位数回归作为分位数回归的扩展，进一步增强了其在处理面板数据方面的能力。它能够刻画出各自变量对被解释变量在不同分位点上的影响关系，为研究者提供更为丰富的信息（刘帅宾等，2019）。根据本书的研究目的，我们将数字金融与制造业升级协同发展度设为因变量，旨在探讨数字金融子系统与制造业升级子系统对协同发展度的影响。具体而言，我们将数字金融子系统细分为数字金融覆盖广度（WID）、数字金融使用程度（DEP）、数字化程度（DIG）三个自变量，将制造业升级子系统细分为制造业高端化（HUP）、制造业绿色化（GUP）和制造业智能化（DUP）三个自变量。通过深入对比分析这些自变量在不同分位点上对数字金融与制造业升级协同发展度影响的边际效应变化，我们可以更全面地理解数字金融与制造业升级之间的相互作用关系。分位数回归模型表达式为：

$$QY_{it}(\tau \mid X_{it}) = a_i + x_{it}^T\beta(\tau) \quad (i = 1, 2, \cdots, n; t = 1, 2, \cdots, T)$$

$$(7-3)$$

式中，QY_{it} 为数字金融与制造业升级协同发展度的条件分位函数，Y_{it} 为被解释变量；X_{it} 为解释变量，α_i 为个体固定效应，τ 为本书设定的分位点（0.05，0.15，0.25，0.35，0.45，0.55，0.65，0.75，0.85，0.95）。

$$\beta(\tau) = \min \sum_{k=1}^{q} \sum_{i=1}^{n} \sum_{t=1}^{T} w_k \rho_{\tau k}[Y_{it} - \alpha_i - x_{it}^T\beta(\tau_k)] \quad (7-4)$$

式中，$\beta(\tau)$ 代表着不同分位点上的影响系数，这些系数揭示了自变量对因变量在不同水平上的影响强度。$\rho_{\tau k}$ 为损失函数；q 为分位数的数量，它决定了我们考察的因变量分布的不同区间段；k 表示第 k 分位数，即具体考察的某一个分位点。$\beta(\tau_k)$ 是分位数损失函数，它在模型优化过程中起着关键作用，能够衡量预测值与实际值之间的差异，并据此调整模型参数。w_k 为第 k 分位数的权重系数，它反映了该分位点在整体分析中的重要性。

7.1.2 交互影响机理分析方法

本书选取基于系统 GMM 的动态面板模型进行实证检验。在模型中，我们将数字金融与制造业升级协同发展度的滞后一期作为解释变量之一，以考察其对当期协同发展度的影响。同时，为了更全面地分析数字金融子系统与制造业升级子系统对协同发展度的影响，我们还引入了这两个子系统的滞后变量作为工具变量，并设定最大滞后阶数为2阶。此外，为了降低异方差对估计结果的影响，本书还使用了稳健标准误差进行估计。动态面板模型如下：

$$D_{it} = \alpha + \rho_1 D_{i,t-1} + \beta_1 WID_{it} + \beta_2 DEP_{it} + \beta_3 DIG_{it} + \beta_4 HUP_{it} +$$
$$\beta_5 GUP_{it} + \beta_6 DUP_{it} + \gamma X_{it} + u_i + \varepsilon_{it} \qquad (7-5)$$

式中，D_{it} 为被解释变量制造业升级与数字金融协同发展度，$D_{i,t-1}$ 为被解释变量的一阶滞后项，i 为研究单元，t 表示年份，WID_{it}、DEP_{it}、DIG_{it}、HUP_{it}、GUP_{it}、DUP_{it} 分别表示核心解释变量数字金融覆盖广度、数字金融使用深度、数字化程度、制造业高端化、制造业绿色化、制造业智能化，β_1、β_2、β_3、β_4、β_5、β_6 分别为数字金融覆盖广度、数字金融使用深度、数字化程度、制造业高端化、制造业绿色化、制造业智能化的回归系数，γ 为控制变量系数，X_{it} 为控制变量，u_i 代表截距项，ε_{it} 表示误差项。

本书在基准模型的基础上加入了交互项，并采用 SGMM 逐步回归分析法分别验证数字金融覆盖程度×数字金融使用程度（$WID \times DEP$）、数字金融覆盖程度×数字化程度（$WID \times DIG$）、数字金融使用程度×数字化程度（$DEP \times DIG$）、数字金融覆盖程度×数字金融使用程度×数字化程度（$WID \times DEP \times DIG$）、制造业高端化×制造业绿色化（$HUP \times GUP$）、制造业绿色化×制造业智能化（$GUP \times DUP$）、制造业高端化×制造业智能化（$HUP \times DUP$）、制造业高端化×制造业绿色化×制造业智能化（$HUP \times GUP \times DUP$）交互作用影响下，各变量不同组合模式或组合状态下对数字金融与制造业升级协同发展度空间分异影响的边际效应。鉴于人力资本、区域创新能力和政策支持对推动数字金融与制造业升级协同发展上有重要作用，因此选取人力资本（HC）、区域创新能力（IC）、政策支持（GS）作为控制变量，建立如下模型：

$$D_{it} = \alpha + \rho_1 D_{i,t-1} + \beta_1 WID_{it} + \beta_2 DEP_{it} + \beta_3 DIG_{it} + \beta_4 HUP_{it} + \beta_5 GUP_{it}$$
$$+ \beta_6 DUP_{it} + \beta_7 WID_{it} \times DEP_{it} + \beta_8 WID_{it} \times DIG_{it} + \beta_9 DEP_{it} \times DIG_{it}$$
$$+ \beta_{10} HUP_{it} \times GUP_{it} + \beta_{11} HUP_{it} \times DUP_{it} + \beta_{12} GUP_{it} \times DUP_{it}$$
$$+ \beta_{13} WID_{it} \times DEP_{it} \times DIG_{it} + \beta_{14} HUP_{it} \times GUP_{it} \times DUP_{it}$$
$$+ \gamma X_{it} + u_i + \varepsilon_{it} \qquad\qquad (7-6)$$

式中，β_7、β_8、β_9、β_{10}、β_{11}、β_{12}、β_{13}、β_{14}分别为系统动态面板模型自变量交互项的回归系数。

7.1.3　外部影响机理分析方法

1. 面板 Tobit 计量经济模型构建

面板 Tobit 模型是一种专门用于处理面板数据中因变量存在截断或归并现象的统计模型。它结合了面板数据的特点，即包含多个个体在不同时间点的观测值，能够捕捉个体间的异质性和时间动态性。在经济学、社会学等领域，面板 Tobit 模型被广泛应用于研究家庭资产、工资、消费支出等存在截断数据的变量，以及个体行为、态度等因变量存在截断或归并现象的情况。在构建面板 Tobit 模型时，需要根据研究目的和数据特点选择合适的模型类型，如混合效应或随机效应，并使用最大似然估计法来估计模型参数。协同发展度研究通常旨在探究不同系统或变量之间的耦合关系及其协调程度，并进一步分析影响这种协同发展度的外部因素。Tobit 模型能够通过对受限因变量的回归分析，揭示外部因素对协同发展度的影响程度和方向。因此，本书运用面板 Tobit 模型对数字金融与制造业升级协同发展度影响的外部驱动因素进行深入探究。具体模型表达式为：

$$P_r(TE_{it} \mid X_{it}) = \int_{-\infty}^{+\infty} \frac{\mathrm{e}^{\frac{-\mu_i^2}{2\sigma^2}}}{\sqrt{2\pi}} \left\{ \prod_{t=1}^{T} \left\{ F(X_{it}^T\beta + \mu_i) \right\} \right\} \mathrm{d}u_i \quad (7-7)$$

其中，

$$F(X_{it}^T\beta + \mu_i) = \begin{cases} \dfrac{1}{\sqrt{2\pi}\,\sigma} \mathrm{e}^{\frac{-(TE_{it} - X_{it}^T\beta - u_i)^2}{2\sigma^2}}, & TE_{it} < 1 \\[3mm] 1 - \phi\left(\dfrac{TE - X_{it}^T\beta - \mu_i}{\sigma}\right), & TE_{it} \geq 1 \end{cases} \quad (7-8)$$

式中：X_{it} 为 i 省 t 时期的数字金融与制造业升级协同发展度；β 为待估参数；$TE < 1$ 为非截断观测值，$TE \geq 1$ 为右设截断观测值；ϕ 为标准正态分布累积概率分布函数；μ_i 和 σ^2 分别表示异质性效应和误差项的方差；μ_i 服从正态分布。

2. 影响变量选择

由于数字金融与制造业升级协同发展度展现出显著的空间关联特征，这一特性意味着地理空间上的相邻区域间存在着相互影响。若分析时直接使用未考虑空间自相关的普通最小二乘法（OLS）进行回归分析，可能会因为未能充分考虑这种空间依赖性而导致分析结果出现偏差，甚至产生"伪回归"问题，即模型虽然表现出统计上的显著性，但实际上并不反映真实的因果关系。为了克服这一局限，更准确地揭示各变量对数字金融与制造业升级协调格局异质性影响的内在机制，研究者应当采用纳入空间效应的空间计量模型。这类模型能够捕捉并量化空间依赖性，从而提供更可靠、更精准的回归系数估计，有助于我们深入理解数字金融与制造业升级耦合发展的复杂关系。首先，根据本书的研究目的，将数字金融与制造业升级协同发展度作为因变量。其次，数字金融与制造业升级协同发展过程中，不仅受到各自内部发展水平的影响，还很可能与外部因素存在着紧密的关联，这些外部因素可能在不同程度上对数字金融与制造业升级的协同发展产生着推动作用或制约效应。为了深入探讨并明确这一问题，我们借鉴了国内外相关领域的研究成果，同时结合数字金融与制造业升级的发展现状与特点，构建了9项具体影响因子的综合分析框架。这一框架旨在全面而准确地验证数字金融与制造业升级强度协调格局中外部因素的作用机理，从而为制定针对性的发展策略和政策建议提供有力的科学依据。影响因素评价指标体系如表7-1所示。

表7-1　　数字金融与制造业升级协同发展的影响因素

变量名称	变量符号	因素解释	单位
区域创新程度	*tech*	选取各地区规模以上工业企业 R&D 投入进行表征	元
城镇化水平	*ul*	以各地区城镇人口数占年末常住人口数比重为表征	%
交通发达程度	*trans*	以地区人均货运量为衡量指标	吨
市场化水平	*mkt*	以中国分省份市场化指数为表征	—
产业结构	*is*	以各地区第二产业总产值占地区生产总值的比重为表征	%

续表

变量名称	变量符号	因素解释	单位
外商直接投资	*fdi*	以各地区实际外商投资额占地区生产总值比重为表征	%
贸易开放水平	*io*	选取各地区历年进出口总额占地区生产总值比重为表征	%
人力资本水平	*edu*	选取各地区每万人高等学校在校生数	人
政府干预程度	*gov*	以政府一般公共预算支出占地区生产总值比重为表征	%

（1）区域创新程度（*tech*）：在探索制造业高质量发展的道路上，技术创新不仅是推动产业升级的关键因素，更是提升区域核心竞争力的必由之路（盛丰，2014）。因此，本书深入研究并选取区域技术创新水平，以各地区规模以上工业企业 R&D 投入进行表征。（2）城镇化水平（*ul*）：城镇化会加速要素和产业的集聚过程，这一进程不仅促进了资源、资本、劳动力等生产要素在特定区域内的集中，还推动了产业链上下游企业的协同发展，进一步深化了产业间的重组与专业化分工（时乐乐和赵军，2018）。在此过程中，企业间的交流与合作日益频繁，有助于激发产业创新活力。本书采用各地区城镇人口占年末常住人口数比重表征城镇化水平。（3）交通发达程度（*trans*）：一个地区交通的便捷程度，直接关系到该地区的吸引力和竞争力，从而影响先进制造业在此的布局决策（盛丰，2014）。本书以地区人均货运量为衡量指标。（4）市场化水平（*mkt*）：国有化程度越高，往往意味着市场化水平相对越弱，这种不均衡的市场结构会制约技术复杂度较高的产业的成长与发展。市场化水平作为一个关键变量，对各地区的技

术创新和产业升级具有深远的影响。为了更准确地衡量各省份的市场化水平，本书参照樊纲等（2003）的研究，采用中国分省份市场化指数作为量化指标，以期深入探究市场化水平对制造业转型升级的具体影响机制。（5）产业结构（is）：虽然中国的工业化进程很大程度上推动了经济发展，但这一过程中也伴随着一系列问题，并在一定程度上阻碍了地区的产业转型升级（Managi et al.，2005）。本书采用各地区第二产业总产值占地区生产总值的比重为表征。（6）外商直接投资（fdi）：外商直接投资作为一种重要的生产要素不仅能够为东道国带来急需的资金支持，更重要的是，通过技术溢出效应，可以促进东道国的技术进步和产业升级（原毅军和谢荣辉，2014）。本书以各地区实际外商投资额占地区生产总值比重为表征。（7）贸易开放水平（io）：贸易开放有助于消除贸易保护政策及垄断行为对价格造成的扭曲，使得金融市场能够更有效地配置资源（刘满凤等，2020）。本书选取各地区历年进出口总额占地区生产总值比重为表征。（8）人力资本水平（edu）：一个地区的人力资本水平是衡量其长期发展潜力和创新能力的重要指标。一个地区的人力资本水平越高，意味着它拥有更多高素质、高技能的人才储备，这些人才不仅能够推动新技术的研发和应用，还能促进产业的升级和转型（袁航和朱承亮，2018）。本书选取各地区每万人高等学校在校生数作为表征。（9）政府干预程度（gov）：地方政府为了绩效考核会出台执行产业政策推动地区产业转型升级（秦炳涛等，2021），因此，以政府一般公共预算支出占 GDP 比重为表征。

7.1.4　数据来源

本章节数据主要来源如下。

（1）因变量：采用2012～2022年我国除港澳台地区和西藏自治区以外的30个省份数字金融与制造业升级协同发展度面板数据集。通过协同发展度模型计算得出。

（2）内部影响机理和交互影响机理自变量：数字金融覆盖广度（*WID*）、数字金融使用程度（*DEP*）、数字化程度（*DIG*）、制造业高端化（*HUP*）、制造业绿色化（*GUP*）和制造业智能化（*DUP*）均通过熵权TOPSIS方法计算得出。

（3）外部影响机理自变量：数据主要来源于《中国工业统计年鉴》《中国统计年鉴》《中国人口和就业统计年鉴》，以及国民经济和社会发展统计公报、各省份统计年鉴、中国分省份市场化指标数据库等。此外，为消除价格因素对计算及回归结果的影响，本书将2000年作为基期，对所有经济指标数据采用GDP平减指数进行平减；而对于个别缺失的数据，本书采用指数平滑法进行补齐。

7.2　数字金融与制造业升级协同发展的内部影响

7.2.1　岭回归分析

以2012～2022年全国及分区域（东部地区、中部地区、西部地区）的面板数据为研究样本，借助SPSSAU这一高效的数据分析工具，在前期已构建的全国、东部地区、中部地区、西部地区数字金融与制造业升级协同发展度内部驱动力模型的基础上，确定固定的*K*值，进一步运用岭回归分析方法深入挖掘数据间的关联，最终得到全国及其分区域的岭回归分析结果，具体结果见表7-2。

通过对比观察表 7-2 中的数据，我们发现，全国及各地区在数字金融与制造业升级协同发展度的内部驱动力方面，确实存在着显著的差异。

表 7-2　全国及分区域数字金融与制造业升级协同发展度
内部驱动力标准化回归系数与统计量

项目	全国	东部地区	中部地区	西部地区
常数	1.159 *** (17.180)	1.287 *** (44.569)	1.248 *** (29.353)	0.971 *** (5.230)
WID	0.001 *** (3.098)	0.001 (0.650)	0.023 (0.570)	0.003 *** (3.765)
DEP	0.000 *** (3.234)	0.002 ** (1.969)	0.001 ** (2.300)	0.002 (1.678)
DIG	0.002 ** (2.367)	0.001 ** (2.346)	0.011 (1.031)	0.001 (1.592)
HUP	0.101 * (2.452)	0.046 ** (2.660)	0.515 ** (2.515)	0.394 (0.590)
GUP	4.501 *** (2.701)	1.123 (0.722)	0.569 (0.320)	10.034 *** (3.073)
DUP	6.994 ** (1.997)	0.056 ** (2.057)	13.736 *** (3.007)	25.527 ** (2.240)
样本量	341	121	88	132
R^2	0.073	0.092	0.376	0.194
调整 R^2	0.056	0.045	0.330	0.155

注：因变量为数字金融与制造业升级协同发展度 D 值；*、**、*** 分别表示 $p<0.1$、$p<0.05$、$p<0.01$，括号里面为 t 值。

（1）全国。数字金融与制造业升级协同发展度内驱动力标准化回归系数呈现"制造业智能化（*DUP*）>制造业绿色化（*GUP*）>制造业高端化（*HUP*）>数字化程度（*DIG*）>数字化覆盖程度（*WID*）>数字化使用程度（*DEP*）"的差异化特征。各影响变量回归系数均通过 10% 水平下的显著性检验。制造业智能化（*DUP*）每提升 1%，将会带动数字金融与制造业升级协同发展度相应增长 6.994%；制造业绿色化（*GUP*）每提升 1%，将会带动数字金融与制造业升级协同发展度相应增长 4.501%；数字化程度（*DIG*）每提升 1%，将会带动数字金融与制造业升级协同发展度相应增长 0.002%，其他变量同理。这反映了制造业智能化（*DUP*）、制造业绿色化（*GUP*）和数字化程度（*DIG*）的协同发展，对加速数字金融与制造业升级协同发展度指数提升有重要作用，而制造业高端化（*HUP*）、数字化覆盖程度（*WID*）和数字化使用程度（*DEP*）对数字金融与制造业升级协同发展度也有一定作用。

（2）东部地区。东部地区数字金融与制造业升级协同发展度内驱动力标准化回归系数大小表现为"制造业绿色化（*GUP*）>制造业智能化（*DUP*）>制造业高端化（*HUP*）>数字化使用程度（*DEP*）>数字化程度（*DIG*）=数字化覆盖程度（*WID*）"。除数字金融覆盖程度（*WID*）和制造业绿色化（*GUP*）没有通过显著性检验外，其他变量均通过了 10% 水平下的显著性检验。数字金融使用程度（*DEP*）每上升 1 个单位，将会带动东部地区数字金融与制造业升级协同发展度相应增长 0.002 个单位；数字化程度（*DIG*）每上升 1 个单位，将会带动东部地区数字金融与制造业升级协同发展度相应增长 0.001 个单位；制造业高端化（*HUP*）每上升 1 个单位，将会带动东部地区数字金融与制造业升级协同发展度相应增长 0.046 个单位；制造业智能化（*DUP*）每上升 1 个单位，将会带动东部地区数字金融与制造业升级协同发展度相应增长0.056 个单位。这反映了数字金融使用程度（*DEP*）、数字化程度（*DIG*）以及制造业高端化（*HUP*）能够推动东部地区数字金融与制造业升级协同发展度提升，这也符合新时代背景下，构建以国内大循环为主体、国内国际双循环相互促进的新发展格局。此外，数字金融覆盖程度（*WID*）和制造业绿色化（*GUP*）对东部地区数字金融与制造业升级协同发展度提升没有显著作用，可能是因为：东部地区作为我国经济发展的"领头羊"，其数字金融的发展已较为可观；相较于中西部地区，东部地区的数字金融基础设施更为完善，数字金融服务的普及率和渗透率也更高；因此，当数字金融发展到一定阶段后，其对制造业升级的推动作用可能会逐渐减弱，导致协同发展度的提升不再显著。此外，随着国家对绿色发展的重视和环保政策的加强，东部地区的制造业企业已普遍意识到绿色化的重要性，并积极采取相应措施。然而，随着政策和市场需求的逐渐饱和，制造业绿色化（*GUP*）对协同发展度提升的推动作用可能会逐渐减弱。

（3）中部地区。中部地区数字金融与制造业升级协同发展度内驱动力标准化回归系数大小表现为"制造业智能化（*DUP*）＞制造业绿色化（*GUP*）＞制造业高端化（*HUP*）＞数字化覆盖程度（*WID*）＞数字化程度（*DIG*）＞数字化使用程度（*DEP*）"。除数字金融覆盖程度（*WID*）、数字化程度（*DIG*）和制造业绿色化（*GUP*）没有通过显著性检验外，其他变量均通过了10% 水平下的显著性检验。数字金融使用程度（*DEP*）、制造业高端化（*HUP*）和制造业智能化（*DUP*）每上升1%，将分别带动中部地区数字金融与制造业升级协同发展度相应增长0.001%、0.515%、13.736%，这表明这三个变量对中部地区数字金融与制造业升级协同发展度具有重要的拉动作用。数字金融覆盖程度（WID）、数字化程度（DIG）以及制造业绿色化（GUP）对中部地区数字金融与制造业升级协同发展度的影响系数虽为正值，但没有通过显著性检验，表明中部地区需要加大数字金融基础设施建设的投入，增加数字金融覆盖程度，同时激励企业数字化转型，在发展的过程中更多关注环境问题，实现绿色发展。

（4）西部地区。西部地区数字金融与制造业升级协同发展度内驱动力标准化回归系数大小表现为"制造业智能化（DUP）>制造业绿色化（GUP）>制造业高端化（HUP）>数字化覆盖程度（WID）>数字化使用程度（DEP）>数字化程度（DIG）"。除数字金融使用程度（DEP）、数字化程度（DIG）和制造业高端化（HUP）没有通过显著性检验外，其他变量均通过了10%水平下的显著性检验。数字金融覆盖程度（WID）、制造业绿色化（GUP）和制造业智能化（DUP）每上升1%，将分别带动西部地区数字金融与制造业升级协同发展度相应增长0.003%、10.034%、25.527%，说明这三个变量的发展对提升西部地区数字金融与制造业协同发展度等级有重要作用。值得注意的是，数字金融覆盖程度（WID）和数字金融使用程度（DEP）以及数字化程度（DIG）对西部地区数字金融与制造业协同发展度的贡献效应较弱，其影响系数偏小，说明西部地区数字金融发展程度不高，政府需要提升网络速度和覆盖范围，确保西部地区与东部沿海地区的数字连接畅通。此外，还应适度提升数字普惠金融的覆盖广度，让更多的西部地区居民和企业能够享受到金融服务。

7.2.2　分位数回归分析

相对普通线性回归，分位数回归提供了一种更为精细且全面的数据分析视角，它不仅能够观察到均值（即中位数或50%分位数）时的回归系数值，还能够考察不同分位数点（如10%、25%、75%、90%等）上的回归系数变化，从而更全面地分析各自变量 X 对于因变量 Y 的动态影响情况。这使得分位数回归在捕捉数据中的非线性关系、异质性以及极端值效应方面具有显著优势。当数据集中存在异常值或者出现异方差问题时，传统线性回归可能会受到较大干扰，导致估计结果不稳定或偏差较大。而分位数回归算法由于其对异常值和异方差性的天然鲁棒性，能够在这些复杂情况下提供更加稳健的结论，使得分析结果相对更可靠。从先前基于岭回归的分析结果中，我们可以观察到在研究期间，数字金融子系统（具体涵盖数字金融覆盖程度、数字金融使用程度、数字化程度）与制造业升级子系统（包括制造业高端化、制造业绿色化、制造业智能化）对数字金融与制造业升级协同发展度的影响效应系数存在显著差异。这些差异不仅体现在数值大小上，还会随时间、空间或其他因素而波动。为了更深入地理解这些复杂影响，并揭示不同子系统在不同分位点上对协同发展度的动态影响程度，本书进一步采用了分位数回归模型。

1. 全国

表7-3显示了全国层面的数字金融子系统与制造业升级子系统各维度对协同发展度影响的回归结果。

表 7－3　全国层面各变量对数字金融与制造业升级协同发展度分位数回归分析结果

项目	分位数 0.05	分位数 0.15	分位数 0.25	分位数 0.35	分位数 0.45	分位数 0.55	分位数 0.65	分位数 0.75	分位数 0.85	分位数 0.95
常数	0.988** (7.231)	1.232** (44.192)	1.255** (62.327)	1.258** (75.893)	1.264** (86.512)	1.268** (89.652)	1.269** (87.350)	1.273** (86.263)	1.283** (88.725)	1.339** (84.812)
WID	0.007** (5.058)	0.010** (2.833)	0.013** (3.633)	0.025** (3.058)	0.054* (2.369)	0.070* (2.441)	0.084 (1.678)	0.104 (1.289)	0.234* (2.086)	0.456 (0.407)
DEP	0.151** (5.058)	0.142** (2.833)	0.139** (3.633)	0.128** (3.058)	0.115* (2.369)	0.103* (2.441)	0.095 (1.678)	0.087 (1.289)	0.064* (2.086)	0.043 (0.407)
DIG	0.004** (5.939)	0.012** (2.317)	0.034** (2.829)	0.039** (2.182)	0.475* (1.381)	0.335* (1.596)	0.243* (1.685)	0.232* (1.431)	0.015* (1.326)	0.003** (3.786)
HUP	0.002 (0.396)	0.027 (0.218)	0.033 (0.444)	0.035 (0.356)	0.047 (1.236)	0.060 (1.026)	0.080 (0.832)	0.125** (2.603)	0.162** (3.421)	0.331** (5.784)
GUP	8.846 (1.560)	0.513 (0.605)	0.289 (0.551)	0.016 (0.039)	0.273 (0.773)	0.300 (0.288)	0.443 (0.115)	0.660** (2.377)	0.744** (2.347)	0.763*** (3.805)
DUP	3.004* (1.172)	3.268* (2.180)	3.335* (2.345)	3.353* (2.443)	4.149* (2.204)	4.536* (2.732)	4.615* (2.763)	4.629* (2.764)	5.545* (2.642)	5.455* (2.347)
N	341	341	341	341	341	341	341	341	341	341
R²	0.089	0.029	0.047	0.067	0.088	0.103	0.103	0.101	0.100	0.100

注：因变量为数字金融与制造业升级协同发展度 D 值；*、**、*** 分别表示 $p<0.1$、$p<0.05$、$p<0.01$，括号里面为 t 值。

第一，数字金融覆盖程度（*WID*）对数字金融与制造业升级协同发展度的影响程度整体随着分位点的增大而增大，说明全国层面数字金融覆盖程度对高协同发展度的省份影响程度较大。我国数字基础设施还未实现全地区覆盖，导致数字金融覆盖程度对数字金融与制造业升级协同发展度的作用局限在局部地区，对欠发达地区制造业升级的拉动作用较小。

第二，数字金融使用程度（*DEP*）对数字金融与制造业升级协同发展度的影响程度整体随着分位点的增大而减小，说明全国层面数字金融使用程度对低协同发展度的省份影响程度较大，低协同发展度的省份在数字金融的推动下有着更大的发展空间和潜力。随着数字金融在这些省份的普及和深入应用，其制造业升级的速度和幅度有望得到显著提升。

第三，数字化程度（*DIG*）对数字金融与制造业升级协同发展度的影响程度呈现先升后降的变化趋势。全国层面数字化程度对较低等级协同发展度省份的影响效应系数，显著大于对高、较高等级协同发展度省份的影响程度。这一现象在 0.05 ~ 0.45 分位点范围内尤为突出，显示了数字化在推动相对落后省份数字金融与制造业升级协同发展度上有重要作用。这可能是由于较低等级协同发展度的城市或省份在数字化方面往往起步较晚，基础相对薄弱。因此，当这些地区开始大力推动数字化转型时，能够迅速感受到数字化带来的效率提升、成本降低以及信息获取能力的提升，从而对其经济社会发展产生显著的推动作用。

第四，制造业高端化（*HUP*）对数字金融与制造业升级协同发展度的影响程度整体上随着分位点的增大而提升，表明全国层面制造业高端化对较低等级协同发展度省份的影响效应系数小于对高、较高等级协同发展度省份的影响程度。较低等级协同发展度省份由于技术水平和研发能力的限制，在推进制造业高端化时可能缺乏必要的技术支撑和创新驱动。同时，由于研发投入不足，这些省份在新技术、新工艺的研发和应用方面可能处于劣势地位，从而限制了制造业高端化进程的发展。

第五，制造业绿色化（GUP）对数字金融与制造业升级协同发展度的影响程度呈先降再升的 V 形变化趋势特征，且当分位数小于 0.65 时，大多不显著。这可能是由于在制造业绿色化发展的初期阶段，企业开始注重环保和可持续发展，积极采用绿色技术和生产方式。这一转变与数字金融的兴起形成了良好的互动。数字金融通过提供高效的融资渠道、风险管理工具和数据分析支持，促进了制造业绿色化项目的快速落地和规模化发展。因此，在这一阶段，制造业绿色化对数字金融与制造业升级协同发展度的提升起到了正向促进作用。随着制造业绿色化的深入推进，企业面临着更多的技术瓶颈、资金压力和市场不确定性。同时，数字金融在支持制造业绿色化方面也遇到了一些挑战，如风险评估难度增加、融资成本上升等。这些因素导致制造业绿色化对数字金融与制造业升级协同发展度的提升作用出现下降。

第六，制造业智能化（DUP）对数字金融与制造业升级协同发展度的影响程度整体上随着分位点的增大而提升，表明全国层面制造业智能化对高、较高等级协同发展度省份的影响程度较大，而对低、较低等级协同发展度省份的影响效应系数较小。这可能是由于协同发展度高的省份通常拥有更为先进的技术和充足的资金储备，能够更有效地吸收和应用制造业智能化的相关技术，如物联网、大数据、人工智能等，从而推动制造业向更高层次发展。

协同发展度较低的省份在技术和资金方面可能存在较大瓶颈，难以承担智能化改造的高昂成本，也难以快速掌握和应用相关技术，阻碍了数字金融与制造业升级的协同发展。

2. 东部地区

表7－4显示了东部地区的数字金融子系统与制造业升级子系统各维度对协同发展度影响的回归结果。

第一，数字金融覆盖程度（WID）对数字金融与制造业升级协同发展度的影响程度整体上随着分位点的增大而增大，这可能是由于东部地区完善的金融基础设施、较高的数字化水平和丰富的金融资源共同推动了东部地区数字金融的快速发展，为数字金融与制造业的深度融合提供了有力支撑。

第二，数字金融使用程度（DEP）对数字金融与制造业升级协同发展度的影响程度整体上随着分位点的增大而增大，说明东部地区数字金融使用程度对高协同发展度的省份影响程度较大，高协同发展度的省份在数字金融的推动下有着更大的发展空间和潜力。随着数字金融在这些省份的普及和深入应用，其制造业升级的速度和幅度有望得到显著提升。

第三，数字化程度（DIG）对数字金融与制造业升级协同发展度的影响程度呈现先降后升再降的变化态势，且影响系数均通过了10%水平下的显著性检验，当分位点为0.05时，数字化程度对数字金融与制造业升级协同发展度的影响系数较大，当分位点数为0.95时，其影响系数降低至0.004。这可能是由于东部地区作为中国经济最为发达的地区之一，其制造业面临着更加严峻的产业升级压力。数字化程度的加深为制造业升级提供了有力的支

表 7-4　东部地区各变量对数字金融与制造业升级协同发展度分位数回归分析结果

项目	分位数 0.05	分位数 0.15	分位数 0.25	分位数 0.35	分位数 0.45	分位数 0.55	分位数 0.65	分位数 0.75	分位数 0.85	分位数 0.95
常数	1.161** (14.139)	1.252** (27.007)	1.265** (41.519)	1.267** (49.810)	1.273** (50.023)	1.295** (52.366)	1.294** (53.132)	1.317** (48.861)	1.332** (43.240)	1.387** (29.619)
WID	0.117** (2.047)	1.162* (1.857)	1.663* (1.849)	2.595*** (2.658)	2.758* (1.722)	3.684** (2.552)	3.724** (2.536)	4.092** (2.279)	4.137** (2.573)	5.004** (2.933)
DEP	0.164** (2.503)	0.168** (2.495)	0.194** (2.503)	0.198** (2.861)	0.206*** (2.734)	0.245** (2.250)	0.360*** (2.702)	0.374** (2.855)	0.403*** (2.890)	0.793** (2.212)
DIG	0.568* (2.202)	0.166** (2.150)	0.069** (2.865)	0.018** (2.290)	0.023** (2.369)	0.044** (2.743)	0.102** (2.672)	0.092** (2.279)	0.037** (2.573)	0.004** (2.933)
HUP	0.668** (2.202)	0.266** (2.150)	0.169*** (2.865)	0.118** (2.290)	0.123** (2.369)	0.144*** (2.743)	0.102*** (2.672)	0.192** (2.279)	0.237** (2.573)	0.244*** (2.933)
GUP	0.107** (2.047)	1.152** (1.857)	1.653* (1.849)	2.595*** (2.658)	2.658* (1.722)	4.912** (1.758)	5.217** (1.694)	1.738** (2.273)	1.719** (2.304)	1.488** (2.057)
DUP	0.226** (2.083)	0.899** (2.543)	1.206** (1.715)	1.737* (1.903)	1.810* (1.839)	2.639* (1.760)	2.749* (1.832)	3.584** (2.552)	3.624** (2.536)	3.493** (2.283)
N	121	121	121	121	121	121	121	121	121	121
R²	0.121	0.109	0.097	0.127	0.154	0.151	0.133	0.140	0.128	0.213

注：因变量为数字金融与制造业升级协同发展度 D 值；*、**、*** 分别表示 $p < 0.1$、$p < 0.05$、$p < 0.01$，括号里面为 t 值。

持，能够更好地促进制造业的转型升级。

第四，制造业高端化（HUP）对数字金融与制造业升级协同发展度的影响程度整体上呈现先降后升的 V 形变化趋势，且至少在10%的水平下显著，表明制造业高端化对东部地区低、高等级协同发展省份的影响系数伴随分位点的增加而提升，这可能与这些省份数字金融与制造业发展不均衡有关。

第五，制造业绿色化（GUP）对数字金融与制造业升级协同发展度的影响程度呈先升后降的倒 V 形变化趋势。这说明制造业绿色化对东部地区中等级协同发展度省份具有较强的正向影响，而对较低等级或者较高等级协同发展度省份的影响较弱。这可能是由于东部地区高等级协同发展省份制造业绿色化已经发展较好，因此对数字金融与制造业升级协同发展的边际影响减弱。

第六，制造业智能化（DUP）对数字金融与制造业升级协同发展度的影响程度整体上随着分位点的增大而提升，且影响系数至少通过10%水平下的显著性检验，在分位点位于0.85时，影响效应系数达到最大（3.624），表明东部地区制造业智能化对高、较高等级协同发展度省份的影响程度较大。这可能是因为那些协同发展程度较高的省份，凭借其更为先进的技术力量和雄厚的资金基础，能够更加高效地接纳并实施制造业智能化所需的技术，例如物联网技术、大数据技术、人工智能技术等，进而促使制造业迈向更高的发展阶段。相比之下，协同发展程度较低的省份，在技术和资金层面可能面临较大的限制，难以承受智能化转型所需的高成本，同时也难以迅速掌握和应用这些先进技术，这在一定程度上制约了数字金融与制造业升级之间的协同推进。

3. 中部地区

表 7 - 5 显示了中部地区的数字金融子系统与制造业升级子系统各维度对协同发展度影响的回归结果。

第一，数字金融覆盖程度（WID）对数字金融与制造业升级协同发展度的影响程度整体上随着分位点的增大而减小，且至少在10%的水平下显著，说明中部地区数字金融覆盖程度对低、较低等级协同发展度省份的影响程度较大，而高、较高等级协同发展度省份数字金融覆盖程度较好，数字金融使用程度对以上省份的边际影响相对较低。

第二，数字金融使用程度（DEP）对数字金融与制造业升级协同发展度的影响程度整体上随着分位点的增大先持续上升后持续下降，说明中部地区数字金融使用程度对较高和较低协同发展度的省份影响程度较小，中等协同发展度的省份在数字金融的推动下有着更大的发展空间和潜力。

第三，数字化程度（DIG）对数字金融与制造业升级协同发展度的影响程度呈现先升后降的变化态势，且影响系数至少通过10%水平下的显著性检验，当分位点为位于0.45时，数字化程度对数字金融与制造业升级协同发展度的影响系数最大，表明中部地区数字化程度对数字金融与制造业协同发展指数较高的省份影响程度最大。

第四，制造业高端化（HUP）对数字金融与制造业升级协同发展度的影响程度整体上呈现随分位数的增大而降低的变化趋势，且至少在10%的水平下显著，表明制造业高端化对中部地区低等级和较低等级协同发展省份的影响系数较大，这主要是因为高等级协同

表7-5　中部地区各变量对数字金融与制造业升级协同发展度分位数回归分析结果

项目	分位数 0.05	分位数 0.15	分位数 0.25	分位数 0.35	分位数 0.45	分位数 0.55	分位数 0.65	分位数 0.75	分位数 0.85	分位数 0.95
常数	1.016* (11.272)	1.275** (22.577)	1.283** (21.593)	1.255** (23.756)	1.258** (26.178)	1.244** (25.742)	1.254** (27.151)	1.260** (27.664)	1.353** (31.278)	1.199** (13.145)
WID	2.380* (1.686)	1.994** (2.503)	1.668** (2.495)	1.206* (1.734)	1.198* (1.861)	0.903* (1.890)	0.874* (1.855)	0.745* (1.750)	0.660* (1.702)	0.593* (1.812)
DEP	0.214** (2.106)	0.564** (2.285)	0.567** (2.303)	1.979** (1.902)	0.403* (1.890)	0.374* (1.855)	0.245* (1.650)	0.203* (1.890)	0.174* (1.855)	0.145* (1.750)
DIG	0.114** (2.156)	0.164** (2.385)	0.167** (2.343)	2.214*** (2.806)	2.564** (2.285)	1.567** (2.303)	1.214** (2.106)	0.564** (2.285)	0.537** (2.303)	0.437** (2.303)
HUP	1.380* (1.686)	1.194** (2.503)	1.168** (2.495)	0.906* (1.734)	0.898* (1.861)	0.403* (1.890)	0.374* (1.855)	0.245* (1.850)	0.260* (1.702)	0.193* (1.812)
GUP	0.214** (2.106)	0.564** (2.285)	0.567** (2.303)	5.504* (1.741)	3.597* (1.775)	3.571* (1.691)	3.129* (1.768)	1.979* (1.702)	1.511* (1.789)	2.979* (1.925)
DUP	0.920** (2.187)	4.328** (1.828)	4.504* (1.922)	4.966* (1.972)	6.539* (1.953)	6.690* (1.682)	9.770* (1.758)	12.750* (2.042)	22.815** (3.578)	22.952** (3.973)
N	88	88	88	88	88	88	88	88	88	88
R^2	0.342	0.292	0.256	0.244	0.247	0.248	0.262	0.263	0.248	0.182

注：因变量为数字金融与制造业升级协同发展度 D 值；*、**、*** 分别表示 $p<0.1$，$p<0.05$，$p<0.01$，括号里面为 t 值。

发展省份数字金融子系统匹配程度较好，导致其对数字金融与制造业升级协同发展的边际影响较小。

第五，制造业绿色化（*GUP*）对数字金融与制造业升级协同发展度的影响程度呈先升后降的倒 V 形变化趋势特征。这说明制造业绿色化对中部地区中等级协同发展度省份具有较强的正向影响，而对较低等级或者较高等级协同发展度省份的影响较弱。

第六，制造业智能化（*DUP*）对数字金融与制造业升级协同发展度的影响程度整体上随着分位点的增大而提升，且影响系数至少通过 10% 水平下的显著性检验，在分位点位于 0.95 时，影响效应系数达到最大（22.952），表明中部地区制造业智能化对高、较高等级协同发展度省份的影响程度较大。

4. 西部地区

表 7 - 6 显示了西部地区的数字金融子系统与制造业升级子系统各维度对协同发展度影响的回归结果。

第一，数字金融覆盖程度（*WID*）对数字金融与制造业升级协同发展度的影响程度整体上随着分位点的增大而增大，说明西部地区数字金融使用程度对高协同发展度的省份影响程度较大，对低协同发展度的省份影响程度较小。

第二，数字金融使用程度（*DEP*）对数字金融与制造业升级协同发展度的影响程度整体上随着分位点的增大而减小，说明西部地区数字金融使用程度对低协同发展度的省份影响程度较大，低协同发展度的省份在数字金融的推动下有着更大的发展空间和潜力。

表7-6 西部地区各变量对数字金融与制造业升级协同发展度分位数回归分析结果

项目	分位数 0.05	分位数 0.15	分位数 0.25	分位数 0.35	分位数 0.45	分位数 0.55	分位数 0.65	分位数 0.75	分位数 0.85	分位数 0.95
常数	0.192 (0.294)	1.039** (10.832)	1.193** (24.993)	1.213** (28.342)	1.229** (36.328)	1.217** (39.294)	1.251** (42.813)	1.276** (45.719)	1.244** (41.664)	1.386** (39.776)
WID	0.008* (2.496)	0.102** (2.836)	0.121** (3.156)	0.201** (2.639)	0.304 (1.708)	0.520 (0.689)	0.580 (1.179)	0.630** (2.205)	0.710** (2.352)	0.803* (2.207)
DEP	2.007* (2.186)	2.001** (1.065)	1.820** (2.068)	1.703** (2.615)	1.603** (2.221)	1.001** (2.970)	0.900** (2.737)	0.680 (1.596)	0.604** (2.666)	0.501** (3.376)
DIG	0.001** (2.405)	0.034* (2.529)	0.050* (2.534)	0.067* (2.241)	0.051* (2.294)	0.045*** (2.912)	0.032** (2.542)	0.022** (2.371)	0.011** (2.370)	0.009*** (4.070)
HUP	0.380** (2.136)	0.495** (2.205)	0.584** (2.480)	0.701** (2.484)	0.808** (2.063)	0.995*** (2.844)	1.098** (2.880)	1.123** (2.184)	2.056** (2.541)	2.330** (2.471)
GUP	0.157 (0.313)	0.244 (0.472)	0.551 (1.031)	0.684 (1.133)	1.998** (2.058)	1.371 (1.761)	0.892 (1.189)	5.992** (2.189)	4.225* (1.828)	21.629* (1.779)
DUP	0.649** (2.486)	0.330** (2.146)	1.185** (2.612)	1.593** (2.447)	1.675** (2.848)	2.035** (1.961)	2.313* (1.732)	4.122** (3.637)	4.520** (2.519)	4.707* (1.784)
N	132	132	132	132	132	132	132	132	132	132
R^2	0.319	0.057	0.041	0.053	0.069	0.088	0.093	0.103	0.110	0.107

注：因变量为数字金融与制造业升级协同发展度 D 值；*、**、*** 分别表示 $p<0.1$，$p<0.05$，$p<0.01$，括号里面为 t 值。

第三，数字化程度（*DIG*）对数字金融与制造业升级协同发展度的影响程度呈现先升后降的变化趋势，且至少通过了 10% 的显著性检验。西部地区数字化程度对较低等级协同发展度省份的影响效应系数，显著大于对高、较高等级协同发展度省份的影响程度。

第四，制造业高端化（*HUP*）对数字金融与制造业升级协同发展度的影响程度整体上随着分位点的增大而提升，表明西部地区制造业高端化对较低等级协同发展度省份的影响效应系数小于对高、较高等级协同发展度省份的影响程度。

第五，制造业绿色化（*GUP*）对数字金融与制造业升级协同发展度的影响程度呈先升后降再升的变化趋势特征，且当分位数小于 0.75 时，大多不显著。

第六，制造业智能化（*DUP*）对数字金融与制造业升级协同发展度的影响程度随着分位点的增大，总体呈上升趋势，且影响系数至少通过 10% 水平下的显著性检验，在分位点位于 0.95 时，影响效应系数达到最大（4.707），表明西部地区制造业智能化对高、较高等级协同发展度省份的影响程度较大。

7.3　数字金融与制造业升级协同发展的交互影响

7.3.1　基准回归结果

为进一步深入探究数字金融子系统与制造业升级子系统之间的交互作用机制，并分析这种交互在不同组合模式或组合状态下的具体表现，我们考察了各变量组合对数字金融与制造业升级协同发展度空间分异影响的边际效应。

合理的工具变量以及研究模型平稳性是运用系统动态面板回归模型的前提，而研究模型平稳性有助于确保模型估计结果的稳定性和一致性。如果数据非平稳，可能会导致伪回归现象，即模型虽然表现出高度的统计显著性，但实际上并不反映真实的因果关系。因此，在构建 SGMM 模型前，不仅要选取与被解释变量高度相关且与其他解释变量相对独立的变量作为工具变量，还要对时间序列数据进行平稳性检验，必要时还需进行差分处理或采用其他方法确保数据的平稳性。首先，平稳性检验结果显示，各交互变量和数字金融与制造业升级协同发展度均拒绝了"存在单位根"的原假设，这说明各交互变量和数字金融与制造业升级协同发展度均存在长期均衡关系，且各交互项变量对数字金融与制造业升级协同发展度的 Granger 原因均在 10% 的水平下显著。然后，本书进一步利用 Stata 14.0 软件确定被解释变量滞后期数，结果表明，本书以被解释变量滞后 2 期作为工具变量比较合理。再然后，本书以各交互项为核心变量进行系统动态面板回归，同时基于逐步回归法消除共线性问题。最后，经过测算、验证与整理，系统动态面板回归的结果被汇总于表 7-7 中。为了直观地比较各交互项以及控制变量的影响系数大小，进一步绘制雷达图（见图 7-1），该图展示了这些变量的影响系数对比情况。

综合表 7-7 和图 7-1 的结果可知，在数字金融与制造业升级各自子系统的不同组合模式和组合状态下，各变量交互驱动力对数字金融与制造业升级协同发展度的作用呈现明显不同。

表 7 - 7　各影响变量交互作用对数字金融与制造业升级协同发展影响的系统动态面板逐步回归分析结果

项目	(1) 模型1	(2) 模型2	(3) 模型3	(4) 模型4	(5) 模型5	(6) 模型6	(7) 模型7	(8) 模型8	(9) 模型9	(10) 模型10	(11) 模型11
D_2	0.963*** (-0.043)	0.970*** (-0.045)	0.979*** (-0.049)	0.964*** (-0.053)	0.969*** (-0.070)	0.963*** (-0.072)	0.964*** (-0.101)	0.781*** (-0.086)	0.649*** (-0.127)	0.650*** (-0.130)	0.514*** (-0.155)
$WID \times DEP$	0.085 (-0.130)	0.023* (-0.013)	-0.021 (-0.013)	0.070*** (-0.025)	0.101*** (-0.029)	159.500 (-166.400)	0.099*** (-0.030)	0.199*** (-0.096)	0.053 (-0.107)	0.053 (-0.109)	0.976*** (-0.062)
$WID \times DIG$		0.598*** (-0.153)	-0.132*** (-0.039)	-0.153*** (-0.038)	-0.161*** (-0.042)	-176.2* (-83.090)	-0.161*** (-0.042)	0.0524** (-0.025)	0.071** (-0.033)	0.071** (-0.029)	0.138** (-0.058)
$DEP \times DIG$			-0.121 (-0.103)	0.089 (-0.113)	0.051 (-0.052)	0.049 (-0.053)	0.057 (-0.052)	-0.105*** (-0.030)	-0.087*** (-0.033)	-0.087*** (-0.033)	0.156*** (-0.042)
$WID \times DEP \times DIG$				88.41*** (-27.390)	92.11*** (-35.250)	90.28** (-37.300)	94.82*** (-40.300)	0.055 (-0.037)	0.027 (-0.037)	0.028 (-0.037)	0.087* (-0.045)
$HUP \times GUP$					-4.614 (-2.832)	-4.290 (-4.611)	-10.580 (-16.180)	55.270** (-24.380)	120.100*** (-50.980)	120.400*** (-44.930)	0.023** (0.013)
$HUP \times DUP$						-27.670 (-946.800)	-1099.000 (-1537.000)	0.781*** (-0.086)	-10.320 (-19.030)	-10.340 (-18.760)	0.159*** (0.041)
$GUP \times DUP$							8.450*** (-27.390)	0.199*** (-0.096)	-33.65.000 (-3474.000)	-3.308 (-2033.000)	0.970*** (0.045)

续表

项目	(1) 模型 1	(2) 模型 2	(3) 模型 3	(4) 模型 4	(5) 模型 5	(6) 模型 6	(7) 模型 7	(8) 模型 8	(9) 模型 9	(10) 模型 10	(11) 模型 11
HUP×GUP×DUP								0.0524** (−0.030)	10259.000 (−357.000)	9723.000 (−18.000)	0.101** (0.031)
HC									−0.282** (−0.134)	−0.282** (−0.131)	0.321** (−0.157)
IC										−0.009 (0.010)	0.786** (0.322)
GS											0.882** (0.031)
Cons	0.651*** (0.119)	−0.018 (0.014)	0.160 (0.204)	0.152 (0.215)	−4.614 (2.832)	11, 227 (18, 486)	0.109 (0.212)	(16, 504) 0.109	−0.137 (0.556)	0.359 (0.390)	0.362 (0.413)
AR (1)	−3.830 (0.000)	−3.800 (0.000)	−3.710 (0.000)	−3.710 (0.000)	−3.650 (0.000)	−3.560 (0.000)	−3.620 (0.000)	−3.450 (0.000)	−1.75 (0.079)	−2.30 (0.021)	−2.30 (0.021)
AR (2)	0.080 (0.933)	0.060 (0.953)	−0.220 (0.830)	−0.220 (0.828)	−0.58 (0.562)	−0.600 (0.551)	−0.570 (0.568)	−0.750 (0.452)	0.58 (0.563)	0.500 (0.618)	0.500 (0.618)
Sargon Test	278.550 (0.000)	283.510 (0.000)	267.630 (0.000)	267.300 (0.000)	254.600 (0.000)	252.490 (0.000)	252.12 (0.000)	233.65 (0.000)	49.730 (0.000)	48.51 (0.000)	109.87 (0.000)
N	279	279	279	279	279	279	279	279	279	279	279

注：*、**、*** 分别表示 $p < 0.1$，$p < 0.05$，$p < 0.01$。

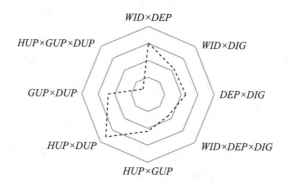

图 7 - 1　数字金融与制造业升级协同发展度

各变量交互驱动力特征比较

7.3.2　数字金融子系统不同组合模式对协同发展度的影响

如表 7 - 7 列（11）所示，数字金融子系统不同组合模式对数字金融与制造业升级协同发展度的影响系数均至少通过了 10% 的显著性检验，但影响系数大小存在差异。数字金融子系统不同组合模式对数字金融与制造业升级协同发展度的影响系数从大到小依次排列为：数字金融覆盖程度×数字金融使用程度（$WID \times DEP$）>数字金融使用程度×数字化程度（$DEP \times DIG$）>数字金融覆盖程度×数字化程度（$WID \times DIG$）>数字金融覆盖程度×数字金融使用程度×数字化程度（$WID \times DEP \times DIG$）。

数字金融覆盖程度×数字金融使用程度（$WID \times DEP$）对数字金融与制造业升级协同发展度的影响系数为 0.976，影响系数最大，且通过了 1% 水平下的显著性检验。这说明，当某个地区数字金融覆盖程度高且数字金融使用程度深时，数字金融系统对两者协同发展度的影响能够达到最大。究其原因，数字金融覆盖度的提升意味着更多的制造业企业能够接触到数字金融服务，从而增加企业获得融资、支付、保险等金融服务的途径。这有助于解决制造业企业在转型升级过程中面临的融资难、融资贵等问题。数字金融使用程度的加深使得制造业企业能够更方便地利用金融科技手段进行技术创新和研发，从而推动其向智能化、绿色化、服务化等方向转型升级。数字金融覆盖程度×数字金融使用程度×数字化程度（$WID \times DEP \times DIG$）对数字金融与制造业升级协同发展度的影响系数为 0.087，影响系数最小，但通过了 1% 的水平下的显著性检验。这可能是因为数字金融与制造业升级之间的发展阶段可能存在不匹配的情况。尽管数字金融在覆盖程度、使用程度和数字化程度上都取得了显著进展，但制造业的升级过程可能相对滞后，或者两者之间的升级节奏不一致。这种不匹配可能导致数字金融对制造业升级的推动作用有限，从而影响两者的协同发展。

7.3.3 制造业升级子系统不同组合模式对协同发展度的影响

由表 7-7 列（11）可知，制造业升级子系统不同交互项对数字金融与制造业升级协同发展度的影响强系数大小呈现"制造业绿色化×制造业智能化（$GUP \times DUP$）＞制造业高端化×制造业智能化（$HUP \times DUP$）＞制造业高端化×制造业绿色化×制造业智能化（$HUP \times GUP \times DIG$）＞制造业高端化×制造业绿色化（$HUP \times GUP$）"的发展特征。

具体来看，制造业绿色化×制造业智能化（$GUP \times DUP$）对数字金融与制造业升级协同发展度的影响系数为 0.970，影响系数最大，且通过了 5% 水平下的显著性检验。这说明当制造业绿色化和智能化同时发展时，能够最大力度地推动数字金融与制造业升级协同发展度提升。这可能是由于制造业绿色化与智能化在技术上存在紧密的联系和相互促进的关系。绿色化要求制造业在生产过程中减少能耗、降低排放，而智能化则通过引入先进的信息技术、人工智能等手段提高生产效率和产品质量。两者在技术创新上的融合，推动了制造业向更高效、更环保的方向发展，进而提升了与数字金融的协同发展度。制造业高端化与制造业绿色化（$HUP \times GUP$）的发展特征对数字金融与制造业升级协同发展度的影响系数为 0.023，影响系数最小，但通过了 5% 水平下的显著性检验。这说明制造业高端化与绿色化作为制造业转型升级的两个重要方向，在实际发展过程中可能存在一定的侧重点和优先级差异，导致它们对数字金融与制造业升级协同发展度的影响程度有所不同。

7.3.4　控制变量对协同发展度的影响

表 7 - 7 列（11）显示：

（1）人力资本（HC）对数字金融与制造业升级协同发展度的影响系数为 0.321 且在 5% 的水平下显著，表明人力资本对数字金融与制造业升级协同发展度具有正向影响，即人力资本水平的提升可以显著提高两者的协同发展度。这是因为，人力资本作为连接两者的桥梁，通过提升劳动者的综合素质和技能水平，可以促进数字金融与制造业之间的信息共享、技术交流和资源整合，从而提升两者的协同发展度。因此，政府和企业应加大对教育和培训的投入，提升劳动者的知识和技能水平，培养更多高素质的人才，为数字金融与制造业的升级提供有力的人才支撑。

（2）区域创新能力（IC）对数字金融与制造业升级协同发展度的影响系数为 0.786 且在 5% 的水平下显著，表明区域创新能力在推动数字金融与制造业升级协同发展过程中具有关键作用。这主要是因为区域创新能力的提升能推动数字金融与制造业之间的信息共享、技术交流和资源整合，促进两者的深度融合和协同发展。一方面，区域创新能力的提升，为数字金融提供了更多的创新思路和技术手段，推动了数字金融产品的不断创新和升级。另一方面，区域创新能力的提升也为制造业提供了更多的创新资源和创新动力，推动了制造业的转型升级和高质量发展。因此，政府应加大对科技创新的投入，加强区域创新能力建设，提升区域的科技创新能力。通过建设科技创新平台、引进高层次人才、加强产学研合作等措施，推动区域创新能力的提升，以加速数字金融与制造业升级的协同发展。

（3）政府支持（GS）对数字金融与制造业升级协同发展度的影响系数为 0.882 且在 5% 的水平下显著，表明政府支持在推动两者协同发展过程中起着重要作用。通过加强政策引导、优化资源配置等措施，政府可以促进数字金融与制造业之间的信息共享、技术交流和资源整合，提升两者的协同发展度。因此，政府应继续加大对数字金融与制造业升级的支持力度，通过提供更多的政策支持和财政资金支持，推动两者的协同发展。

7.4　数字金融与制造业升级协同发展的外部影响

前面部分内容已对数字金融与制造业升级协同发展度的内部机制及其相互作用机理进行了深入剖析。为了更全面地把握和理解数字金融与制造业升级协同发展度的演变轨迹，本书进一步探究其外部影响机理。为此，本书采用面板 Tobit 模型，对数字金融与制造业升级协同发展度的外部影响机理进行实证研究，以期揭示其外在驱动因素。基于前文所选取的外部影响变量，我们利用 Stata 14.0 软件进行了共线性检验。检验结果显示，所有 9 个变量的方差膨胀因子（VIF）值均小于 10，这些变量之间不存在共线性问题。豪斯曼（Hausman）检验的结果为 11.29，并且这一结果在 1% 的显著水平下是显著的。因此，我们决定采用固定效应模型进行后续的估计。

7.4.1　基准回归结果

本节利用 Stata 14.0 软件对面板 Tobit 模型进行回归，具体结果见表 7－8。其中模型 1 是未加入控制变量的回归结果，显示了核心解释变量对被解释变量的直接影响。模型 2～模型 9 加入了不同类型的控制变量，通过对比模型 1 与模型 2～模型 9，可以对回归结果进行比较分析。

（1）区域创新程度（*tech*）的回归系数都为正值，并且这些系数均在 1% 的统计显著性水平上通过了检验，这一结果表明，区域

表7-8　　基准回归模型检验结果

项目	(1)模型1	(2)模型2	(3)模型3	(4)模型4	(5)模型5	(6)模型6	(7)模型7	(8)模型8	(9)模型9
$tech$	8.066*** (1.275)	7.743*** (1.182)	7.593*** (1.199)	7.745*** (1.201)	7.260*** (1.238)	7.031*** (1.237)	7.113*** (1.237)	7.038*** (1.248)	6.922*** (1.254)
ul		0.459*** (0.066)	0.430*** (0.074)	0.481*** (0.081)	0.457*** (0.0817)	0.365*** (0.095)	0.380*** (0.096)	0.350*** (0.117)	0.331*** (0.118)
$trans$			0.015 (0.019)	0.017 (0.019)	0.020 (0.019)	0.017 (0.019)	0.139 (0.101)	0.018 (0.019)	0.010 (0.020)
mkt				0.217*** (0.028)	0.048*** (0.002)	0.215*** (0.028)	0.215*** (0.028)	0.022* (0.012)	0.048*** (0.002)
is					-0.593* (0.338)	-0.792** (0.352)	-0.827** (0.353)	-0.913** (0.402)	-0.999** (0.408)
fdi						0.022* (0.012)	0.215*** (0.028)	0.023* (0.012)	0.024* (0.011)
io							0.767*** (0.080)	0.215*** (0.027)	0.200 (0.0286)

续表

项目	(1) 模型 1	(2) 模型 2	(3) 模型 3	(4) 模型 4	(5) 模型 5	(6) 模型 6	(7) 模型 7	(8) 模型 8	(9) 模型 9
edu								0.047*** (0.002)	0.048*** (0.002)
gov									0.823*** (0.092)
$\_cons$	1.185*** (0.042)	0.923*** (0.056)	0.891*** (0.069)	0.497 (0.333)	0.843*** (0.072)	0.781*** (0.0791)	0.137 (0.101)	0.767*** (0.079)	0.177 (0.002)
$Sigma\_u$	0.222*** (0.028)	0.225*** (0.029)	0.221*** (0.029)	0.048*** (0.002)	0.215*** (0.028)	0.215*** (0.028)	0.002 (0.002)	0.002 (0.002)	0.003 (0.006)
$Sigma\_e$	0.052*** (0.002)	0.049*** (0.002)	0.048*** (0.002)	0.862*** (0.071)	0.047*** (0.002)	0.047*** (0.002)	0.047*** (0.002)	0.003 (0.006)	0.080 (0.067)
N	341	341	341	341	341	341	341	341	341

注: 表中括号里的数值表示标准误差值; *、**、*** 分别表示 $p < 0.1$、$p < 0.05$、$p < 0.01$。

创新水平对于推动数字金融与制造业转型升级之间的协同发展具有显著且稳健的正向促进作用。究其原因，可以从多个维度进行深入剖析。其一，区域创新水平的提升能够加速新技术的研发与应用，为数字金融提供更加高效、智能的技术支撑，进而促进金融服务模式的创新，使其更好地服务于制造业的转型升级需求。其二，创新环境的优化和创新能力的提升，有助于制造业企业吸收和融合数字金融带来的新技术、新理念，推动生产流程、管理模式的智能化、网络化改造，从而提升制造业的整体竞争力和转型升级的效率。其三，区域创新水平的增强还能激发市场活力，促进产业间的协同创新与合作，为数字金融与制造业的深度融合创造更加有利的条件，进一步推动两者的协同发展。因此，区域创新水平是推动数字金融与制造业转型升级协同发展的关键驱动力之一。

（2）城镇化水平（ul）的回归系数始终为正且在1%的水平下显著，这表明城镇化水平能够显著促进数字金融与制造业转型升级的协同发展。这可能是因为随着城镇化的推进，劳动力、资本等生产要素不断向城市集聚，形成了规模效应和集聚效应，从而推动了经济的快速增长。这种经济增长为数字金融和制造业的发展提供了坚实的基础和广阔的市场空间。

（3）交通发达程度（trans）的回归系数并不显著，这说明交通发达水平对数字金融与制造业升级协同发展的作用并不明显。这可能是因为数字金融与制造业的协同发展需要技术融合与创新作为支撑。交通发达水平虽然有助于技术的传播与交流，但缺乏有效的创新机制和技术转化能力，导致这种作用可能并不明显。

（4）市场化水平（mkt）的回归系数始终为正，且都通过了

10% 的显著性水平检验，说明市场化水平能够显著促进数字金融与制造业升级的协同发展。这可能是由于在高度市场化的环境中，企业更加注重效率和竞争力，因此更有可能采用先进的数字金融技术和服务来优化自身的生产和经营。

（5）产业结构（is）的回归系数为负且都通过了 10% 的显著性水平检验，说明第二产业比重越高越不利于数字金融与制造业升级协同发展。这可能是由于当第二产业占比过高时，大量资本、人力和技术资源被锁定在传统制造业中，难以有效流向新兴的数字金融领域。这导致数字金融缺乏必要的资源支持，难以快速发展，进而限制了其为制造业提供创新金融服务的能力。

（6）外商直接投资（fdi）的回归系数始终为正，且都通过了 10% 的显著性水平检验，说明外商投资水平能够显著促进数字金融与制造业升级的协同发展。外资企业通常具有跨行业、跨领域的经营优势，可以推动数字金融与制造业在技术研发、市场拓展、人才培养等方面的合作与交流，从而实现互利共赢的发展目标。

（7）贸易开放水平（io）的回归系数在 1% 的水平下显著，说明对外开放水平的提升能够有效推进数字金融与制造业升级的协同发展。

（8）人力资本水平（edu）的回归系数始终为正且在 1% 的水平下显著，说明地区教育水平的提高对于推动数字金融与制造业升级协同发展有重要作用。

（9）政府干预程度（gov）的回归系数在 1% 的水平下显著，说明政府的有效干预能够加速数字金融与制造业升级之间的协同发展进程。政府通过制定和实施一系列有利于制造业发展的政策措施，如优化产业布局、推动产业集聚、加强产业链上下游合作等，能为制造业创造一个稳定发展环境，进而推动制造业的转型升级进程。

7.4.2 稳健性检验

（1）剔除异常值。为了消除异常样本点对回归分析结果的潜在干扰，本书首先对所研究的 30 个省份在样本期间的区域创新水平进行均值计算，并以其 10% 和 90% 的分位数值作为筛选标准。随后，将区域创新水平均值低于 10% 分位数的云南、青海、新疆，以及高于 90% 分位数的北京、浙江、上海，共 6 个省份的样本排除在外，最终筛选出 24 个省份的 264 个有效样本。

然后，采用随机效应的面板 Tobit 回归模型对这些有效样本进行了回归分析，所得结果如表 7-9 的列（2）所示。与列（1）的基准回归结果相比，区域创新水平系数的方向及显著性未发生改变，并且其对协同发展度的正向效应还显著增强。控制变量上，除交通发达水平系数不显著外，剩余变量的估计系数的显著性与基准回归保持不变。综上表明，本研究的结论是相对稳健的。

表 7-9　　　　　稳健性检验结果

项目	（1）基准回归	（2）剔除异常值	（3）替换变量	（4）替换变量
tech	6.922 *** (1.254)	7.038 *** (1.248)		
tech_pat			6.670 *** (1.260)	
tech_peo				4.224 *** (1.213)

续表

项目	（1）	（2）	（3）	（4）
	基准回归	剔除异常值	替换变量	替换变量
ul	0.331 ***	0.350 ***	0.317 ***	0.196 **
	(0.118)	(0.117)	(0.118)	(0.084)
trans	0.010	0.017	0.002	0.008
	(0.020)	(0.019)	(0.021)	(0.011)
mkt	0.048 ***	0.767 ***	0.200 ***	0.025 *
	(0.002)	(0.079)	(0.029)	(0.014)
is	-0.999 **	-0.913 **	-0.809 *	-0.437 *
	(0.408)	(0.402)	(0.425)	(0.262)
fdi	0.024 *	0.023 *	0.047 ***	0.098 **
	(0.011)	(0.012)	(0.002)	(0.045)
io	0.200 ***	0.047 ***	0.146	0.114 **
	(0.0286)	(0.001)	(0.099)	(0.055)
edu	0.048 ***	0.867 ***	0.025 **	0.036 ***
	(0.002)	(0.089)	(0.012)	(0.008)
gov	0.823 ***	0.215 ***	0.810 ***	0.049 ***
	(0.092)	(0.028)	(0.092)	(0.002)
_cons	0.177	0.002	0.001	0.888 ***
	(0.002)	(0.002)	(0.002)	(0.087)
Sigma_u	0.003	0.024 *	0.002	0.012
	(0.006)	(0.011)	(0.006)	(0.016)
Sigma_e	0.080	0.003	0.091	0.081
	(0.067)	(0.006)	(0.067)	(0.087)
N	341	264	341	341

注：表中括号里的数值表示标准误差值；*、**、***分别表示 $p<0.1$、$p<0.05$、$p<0.01$。

（2）替换核心变量。为了进一步考察核心解释变量区域创新水平的回归系数是否稳健，本书采用了区域创新水平的另外两种度量方法来进行对比分析。这两种新的度量方法从不同角度反映技术创新水平的特征和影响，有助于我们更全面地评估区域创新水平在回归模型中的稳定性和可靠性。首先，依据傅元海等（2014）的研究，专利数被视作衡量一个地区创新能力高低的有效指标。基于此，本书选取每万人专利授权数（*tech-pat*）作为区域创新水平的替代变量，以此进行稳健性检验。其次，区域内从事研发的人员数量是衡量区域创新能力的重要指标之一。研发人员的数量越多，通常意味着该区域在技术创新方面拥有更多的潜力和实力。因此，本书选取区域内从事研发的人员数量（*tech_peo*）作为区域创新水平的另一个替代变量。回归结果分别见表 7-9 中的列（3）和列（4）。与列（1）相比，区域创新水平变量以及其他控制变量的回归结果与基准回归基本一致，说明回归结果是稳健的。

7.4.3 空间异质性

中国幅员辽阔，各省份在地理环境、资源禀赋、历史背景及政策导向等多方面存在显著差异，这些差异导致了各省份的数字金融发展水平和制造业发展水平呈现出不均衡的特点。为了更深入地理解这种地域性差异对经济发展的影响，本书首先依据国家统计局对地域的科学划分标准，将所研究的 30 个省份划分为东部、中部和西部三大经济区域；随后，针对这三个子样本，分别进行基于面板 Tobit 模型的回归分析（见表 7-10），旨在通过量化分析，探索各区域内数字金融发展水平和制造业发展水平的内在联系，以及可能存在的区域特异性因素。

表 7 - 10　　　　　　　　　　分地区检验结果

项目	（1）	（2）	（3）
	东部地区	中部地区	西部地区
tech	8.056**	7.670***	6.577***
	(3.343)	(4.543)	(1.325)
ul	0.037*	0.582***	0.041***
	(0.022)	(0.207)	(0.003)
trans	0.042	0.035	0.006
	(0.174)	(0.032)	(0.018)
mkt	0.022**	0.267**	0.215***
	(0.009)	(0.081)	(0.028)
is	-0.598***	-1.414**	-0.084***
	(0.371)	(0.655)	(0.065)
fdi	0.053***	0.397***	0.0442***
	(0.004)	(0.100)	(0.00353)
io	0.924***	0.041***	1.119***
	(0.170)	(0.003)	(0.153)
edu	0.582***	0.484**	0.267**
	(0.207)	(0.212)	(0.131)
gov	0.180	0.150	0.380***
	(0.172)	(0.195)	(0.096)
_cons	0.038	0.024	0.014
	(0.028)	(0.022)	(0.012)
Sigma_u	0.001	0.037	0.187
	(0.007)	(0.043)	(0.0133)

续表

项目	(1)	(2)	(3)
	东部地区	中部地区	西部地区
Sigma_e	0.043 (0.183)	0.004 (0.012)	0.662 (0.980)
N	110	121	99

注：表中括号里的数值表示标准误差值；＊、＊＊、＊＊＊分别表示 $p < 0.1$、$p < 0.05$、$p < 0.01$。

表7-10的列（1）~列（3）分别对应了东部地区、中部地区和西部地区。结果显示，这三个区域的区域创新水平（*tech*）回归系数均显著为正，这表明区域创新在推动数字金融与制造业升级协同发展的过程中发挥着积极作用。然而，这三个区域创新水平的回归系数大小存在差异，东部地区区域创新水平的影响最为显著，中部地区次之，而西部地区的影响则相对较小。东部地区作为中国经济发展的前沿阵地，拥有更为丰富的经济资源和更高的经济发展水平，这使得东部地区的企业在技术创新方面拥有更多的投入和更先进的技术手段，从而更容易实现数字金融与制造业升级的深度融合。相比之下，西部地区由于经济基础相对薄弱，资源禀赋有限，企业在技术创新方面的投入和能力可能受到一定限制。东部地区的产业结构相对更加优化，高端制造业和服务业占比较高，这为区域创新提供了更为广阔的应用场景和市场需求。同时，东部地区在推动制造业升级的过程中，更加注重与数字金融等新兴产业的融合发展，从而形成了更为紧密的产业协同效应。而西部地区由于产业结构相对单一，制造业升级的路径可能更加依赖传统产业的改造和提升，这在一定程度上限制了区域创新在

推动数字金融与制造业升级协同发展中的作用。

7.5　本章小结

为了更加深入地系统分析与阐释各个影响变量在数字金融与制造业升级协同发展度效应变化中所扮演的角色，包括它们的作用过程、具体的影响强度以及影响性质的方向性，本书致力于厘清那些驱动数字金融与制造业升级协同发展度产生分异的主要动力源、这些动力源各自的影响强度大小，以及它们是如何通过特定的路径来实现这种驱动的。本章综合运用了多种统计分析方法，包括岭回归分析方法、面板分位数回归模型、系统动态面板回归模型以及面板 Tobit 模型，旨在多维度、深层次地探究数字金融与制造业升级协同发展度演变的内在机制。具体而言，我们从内部内生力、交互影响力和外部驱动力这三个不同的视角出发，全面剖析了数字金融与制造业升级之间相互作用、相互影响的复杂关系。通过岭回归分析方法，我们深入探究了各影响因素对协同发展度变化的直接贡献；面板分位数回归模型则帮助我们理解了在不同分位点上，各因素如何以不同的强度影响协同发展度的演变；系统动态面板回归模型则揭示了这些影响因素在时间序列上的动态变化及其对协同发展度长期趋势的影响；面板 Tobit 经济模型则从外部驱动力视角解释了外部影响因素对两者协同发展度的影响方式和强度。本章主要得到以下结论：

（1）数字金融与制造业升级协同发展的内部影响方面，全国及东部、中部、西部地区数字金融与制造业升级协同发展度的内驱动力存在显著差异。总体上，制造业智能化（DUP）对全国及各分区域地区数字金融与制造业升级协同发展度的驱动作用最强；制造业高端化（HUP）以及数字金融使用程度（DEP）对全国及各分区域地区数字金融与制造业升级协同发展度的驱动作用相对较强；数字金融覆盖程度（WID）对全国及各分区域地区数字金融与制造业升级协同发展度的驱动作用最弱。值得注意的是，制造业智能化（DUP）对西部地区数字金融与制造业升级协同发展度的驱动作用最强，影响系数高达25.527，制造业高端化（HUP）和数字金融覆盖程度（WID）对东部地区数字金融与制造业升级协同发展度的驱动作用相对较强，影响系数分别处于第一和第二位置。制造业智能化（DUP）和制造业高端化（HUP）对中部地区数字金融与制造业升级协同发展度的驱动作用最强。这说明，对于西部地区而言，政府应继续加大对制造业智能化（DUP）的支持力度，通过政策引导、资金投入等方式，推动西部地区制造业向智能化、高端化方向发展。同时，也要注重提升数字金融的覆盖程度和应用水平，为制造业升级提供更加便捷、高效的金融服务。对于东部地区和中部地区，政府应继续深化制造业高端化（HUP）进程，并加强数字金融与制造业的深度融合，推动产业转型升级和高质量发展。

（2）数字金融与制造业升级协同发展的交互影响方面，在数字金融、制造业升级各自子系统不同组合模式或组合状态影响下，各变量间的交互驱动力均对两者的协同发展度产生正面影响。然而，值得注意的是，这些不同的组合模式对数字金融与制造业升级的边际效应表现出明显的差异性。数字金融子系统不同组合对数字金融与制造业升级协同发展度呈现出"数字化程度×数字金融使用程度（WID×DEP）>数字金融使用程度×数字化程度

（$DEP \times DIG$）＞数字金融覆盖程度×数字化程度（$WID \times DIG$）＞数字金融覆盖程度×数字金融使用程度×数字化程度（$WID \times DEP \times DIG$）"。这说明，当某个地区数字金融覆盖程度高且数字金融使用程度深时，数字金融系统对两者协同发展度的影响能够达到最大。制造业升级子系统不同组合对数字金融与制造业升级协同发展度呈现出"制造业绿色化×制造业智能化（$GUP \times DUP$）＞制造业高端化×制造业智能化（$HUP \times DUP$）＞制造业高端化×制造业绿色化×制造业智能化（$HUP \times GUP \times DIG$）＞制造业高端化×制造业绿色化（$HUP \times GUP$）"的发展特征。这说明当制造业绿色化和智能化同时发展时，能够最大力度地推动数字金融与制造业升级协同发展度的提升。

（3）数字金融与制造业升级协同发展的外部影响机理方面，区域创新程度（$tech$）、城镇化水平（ul）、市场化水平（mkt）、外商直接投资（fdi）、贸易开放水平（io）、人力资本水平（edu）、政府干预程度（gov）都对数字金融与制造业升级协同发展有显著的正向影响。产业结构（is）对数字金融与制造业升级协同发展有负向影响，这说明第二产业比重越高越不利于数字金融与制造业升级协同发展。通过剔除异常值以及替换核心变量后，回归结果基本保持一致，说明基本回归的结果具有稳健性。此外，将样本分为东部、中部、西部地区后，发现东部、中部、西部三个区域的区域创新水平回归系数均显著为正，表明区域创新在推动数字金融与制造业升级协同发展的过程中发挥着积极作用。然而，这三个区域创新水平的回归系数大小存在差异，东部地区区域创新水平对数字金融与制造业升级协同发展度的影响最为显著，中部地区次之，而西部地区的影响则相对较小。

第 8 章　结论与建议

本章将对前述所有章节的主要结论进行归纳总结，并基于理论和经验研究的相关结论，为更好推动数字金融与制造业协同发展提出若干政策建议。

8.1　研究结论

本书在系统梳理国内外相关研究成果的基础上，依托金融发展理论、产业升级理论及协同发展理论，构建了一个全面系统的理论研究架构。整个研究过程融合了综合评价模型、协同发展模型、空间计量、非线性回归、数理统计分析技术等多种方法，系统地探究了数字金融与制造业升级协同发展度的时空演变规律及其背后的多维驱动因素。本书主要得到以下结论：

（1）在建立数字金融与制造业升级的评价体系之后，综合运用了熵权 TOPSIS 法、非参数核密度估计、箱型图分析以及 ArcGIS 空间分析技术等多种手段，从不同空间尺度深入考察数字金融发展与制造业升级水平的时空动态变化特性。

　　第一，在探讨数字金融时间序列的演化特征时，我们发现，2012～2022 年，数字金融的发展水平呈现出稳步上升的趋势。在此期间，不同地区间，特别是东部地区、中部地区和西部地区之间，存在着明显的数字金融发展差异。具体而言，东部地区的数字金融发展水平领先于中部地区，而中部地区又高于西部地区。然而，值得注意的是，自 2015 年起，西部地区的数字金融发展水平开始显著提速，与中部地区的差距逐渐缩小。

　　第二，在数字金融的空间演化特征上，2012～2022 年，中国各地区在数字金融领域的发展呈现出一种不均衡但总体积极的态势。东部地区在这一进程中持续保持领先地位，中部地区紧随其后，奋力追赶，而西部地区则依托各自的地域优势和特色资源，积极探索符合自身实际情况的数字金融发展路径。

　　第三，在制造业升级的时间序列演化特征上，2012～2022 年，中国东部、中部和西部地区的制造业升级水平存在显著差异。东部地区凭借其优越的地理位置、丰富的资源条件、坚实的产业基础以及强大的创新能力，在制造业高质量发展方面始终保持领先地位，成为技术创新的摇篮和产业升级的先锋。与此同时，中部地区近年来通过积极承接东部地区的产业转移、深化区域合作、优化产业结构等一系列举措，制造业的高质量发展水平实现了显著提升，逐步缩小了与全国整体水平的差距。值得注意的是，尽管中西部地区的制造业升级水平相对滞后，但也在不断探索适合自身特点的发展路径，努力提升制造业的整体竞争力。

　　第四，在制造业升级的空间演化特征方面，中国制造业升级的时空分布格局呈现出两大显著特点。首先，地域间的制造业升级差异显著。具体而言，东南沿海地区相较于西北内陆地区，展现出了更为先进的制造业发展水平。其次，从全国视角观察，中高效率制造业区域的演化轨迹呈现出一种先扩张后集聚的趋势。在经济发展的起步阶段，随着各地产业结构的不断优化与升级，中高效率水平的制造业区域数量逐渐增加，呈现出一种广泛的扩散态势。然而，随着时间的推移，这些区域开始逐渐收缩并趋向集聚。

（2）综合采用双变量 LISA 模型、脱钩效应模型和面板门槛模型，分别探讨了数字金融与制造业升级及其子系统之间的时空关联效应、数字金融与制造业升级及其子系统间短期作用关系的实时变化、数字金融与制造业升级及其子系统间非线性交互关系的影响趋势。

第一，2012～2022 年，数字金融与制造业升级在空间上均呈现显著的邻近性特征，无论是高水平区域还是低水平区域，均形成空间"趋同"现象。双变量 Moran's I 值波动增长，显示数字金融与制造业升级空间关联性增强，数字金融促进制造业资金流动与资源整合，推动集聚发展；反之，制造业集聚也促进数字金融市场拓展。此外，数字金融对制造业升级的影响日益显著，HH 型（高值集聚）城市增多，LL 型（低值集聚）城市减少。这既表明数字金融快速发展伴随制造业快速升级，也揭示制造业高质量发展对数字金融创新的导向作用，形成良性互动。

第二，在时间演化上，2012～2022 年，本书所研究的 30 个省份的数字金融与制造业升级脱钩关系以扩张负脱钩和弱脱钩为主。初期，数字金融对制造业升级的带动作用有所波动，但长期看，其正面效应逐渐增强。在空间变化上，脱钩关系也呈现特定规律。扩张负脱钩和弱脱钩类型的省份空间分布逐渐从沿海地区扩展至全国大部分地区。较理想的弱脱钩状态主要分布在内蒙古、吉林等北部及云南等西南部地区。而不理想状态的省份空间分布总体减少，特别是强脱钩类型减少最为显著。这表明，随着时间推移，数字金融与制造业升级的协调关系在全国范围内趋于优化。

第三，在数字金融对制造业升级的作用上，虽整体呈正向促进，但受不同门槛变量影响显著。当区域创新水平超过 0.019 门槛时，数字金融对制造业升级的带动作用显著增强；同样，基础设施建设完善至 0.002 门槛后，其对制造业升级的推动作用也显著提升。反之，在制造业升级对数字金融的影响上，亦表现出正向拉动作用，且受经济发展水平和政府干预的门槛效应影响。随着经济发展水平提升，制造业升级对数字金融的拉动作用逐渐增大，具体表现为在经济发展水平不同区间内，制造业升级每增加 1 个单位，数字金融的提升幅度递增。

（3）采用探索性空间数据分析（ESDA）以及 LISA 时间路径和时空跃迁分析方法（ESTDA），分析了数字金融与制造业升级协同发展度的空间关联性和时空变化。

第一，2012～2022 年，中国各地区数字金融与制造业升级的协同发展度呈逐年提升态势。协同发展类型分为勉强协调、初级协调、中级协调、优质协调发展等 4 种，其中仅北京、广东、浙江、上海等 4 个省域为优质协调，安徽、天津、陕西、福建、重庆、江苏、江西、四川等 8 个省域为中级协调，河北、甘肃、黑龙江、山东、广西、辽宁、贵州、宁夏、山西、青海、云南、湖南、海南、河南、湖北等 15 个省域为初级协调，新疆、内蒙古、吉林等 3 个省域为勉强协调。

第二，2012～2022 年，区域数字金融与制造业升级协同发展度的空间格局保持稳定。LISA 时间路径移动长度显示东部最活跃，西部次之，中部最稳定。协同发展水平存在"路径依赖"，高值区面临下滑风险，低值区易陷入低水平循环陷阱。

（4）采用岭回归分析方法、面板分位数回归模型、系统动态面板回归模型以及面板 Tobit 模型，多维度、深层次地探究了数字金融与制造业升级协同发展度演变的内在机制。

第一，数字金融与制造业升级协同发展的内部影响存在地区差异。全国及各地区中，制造业智能化（DUP）的驱动作用最强，尤其在西部，其影响系数高达 25.527，说明智能化对西部协同发展度的提升至关重要。制造业高端化（HUP）和数字金融使用程度（DEP）也具有较强的驱动作用，而数字金融覆盖程度（WID）相对较弱。具体到地区，东部需强化制造业高端化（HUP）和数字金融覆盖（WID），中部则需继续深化制造业智能化（DUP）和高端化（HUP）进程。因此，政府应根据地区特点，采取针对性措施，推动数字金融与制造业深度融合，促进产业转型升级和高质量发展。

第二，数字金融与制造业升级交互影响中，各变量组合对协同发展度均有正面影响，但边际效应差异显著。数字金融方面，使用程度与覆盖度、数字化程度的组合影响依次递减，高覆盖深使用的数字金融系统影响最大。制造业升级方面，绿色化与智能化组合对协同发展度提升力度最大，高端化与智能化次之。因此，地区应强化数字金融使用与覆盖，并推动制造业绿色化与智能化同步发展，以促进数字金融与制造业升级的协同发展。

第三，数字金融与制造业升级协同发展的外部影响机理复杂多样。除交通发达程度外，区域创新、城镇化、市场化、外商直接投资、贸易开放、人力资本和政府干预等因素均对协同发展有显著正向影响。而产业结构，尤其是第二产业比重高，则不利于协同发展。这一结论在稳健性检验后依然成立。分区域看，东部、中部、西部地区的区域创新均对协同发展有积极影响，但影响程度不同，东部最强，中部次之，西部较弱。因此，为促进数字金融与制造业升级协同发展，应综合考虑各种外部因素，尤其是加强区域创新，并根据地区特点制定相应策略。

8.2 政策建议

数字金融作为高效低成本的新金融服务模式，有力促进了制造业企业技术创新水平。本书从构建现代数字金融体系、优化制造企业创新环境、推进金融与制造业升级深度融合等方面提出推动数字金融与制造业协同发展的相关政策思考和建议。

8.2.1 构建现代数字金融新体系

1. 发展现代数字金融

数字金融是项长期、复杂的系统性工程，其关系到国计民生、经济社会稳定，涉及企业、金融机构、政府、金融科技公司等多个主体，需要金融、产业等多种政策支持。数字金融的发展必须加强顶层设计、统筹规划，实现系统推进。国务院 2015 年公开发布《推进普惠金融发展规划（2016—2020 年）》，提出要鼓励金融机构发展数字金融业务，借助现代信息技术手段，实现数字金融业务的纵深发展。之后，我国各地各金融部门与金融机构积极探索实践，打造互联网金融服务平台，创新数字金融服务模式，数字金融发展取得一定成效。

政府应加强对数字金融战略规划、配套政策和具体措施等的顶层设计，总结数字金融发展规律，根据其发展的特点和趋势，制定相应的数字金融发展规划，提升数字金融发展质效；还应深化数字金融的供给侧结构性改革，提高数字金融服务供给的创造性、主动性与适配性，构建起竞争力、包容性与适应性的现代数字金融体系。

各级政府部门应从金融的基本功能出发，构建现代数字金融体系；明确数字金融在资源配置、风险管理、资本流动、支付结算等方面的基础作用；加强数字金融基础设施的建设，推动网络信息技术、云计算、大数据、人工智能等技术与金融业务的深度融合，提供更加便捷、安全、普惠的金融服务。

2. 加强数字金融监管

政府应优化监管框架，制定符合数字金融特征的监管政策，确保数字金融发展中的风险可控，防止金融犯罪、数据泄露等安全隐患。具体而言，政府应加强对数字金融平台和金融科技企业的监管，确保其遵守合规要求，防止市场过度竞争或不正当行为。同时，要建立健全数据保护法规，确保用户的个人信息和金融数据得到充分的保护，防止因技术漏洞或不当操作而引发的数据泄露事件。此外，政府还应加大对金融犯罪的打击力度，强化反洗钱、反欺诈等措施，利用大数据和人工智能等技术手段监控和分析交易行为，及时发现异常和可疑活动，防范金融风险的积聚。

为了适应快速发展的数字金融市场，监管部门应采取灵活、动态的监管措施，确保监管政策能够及时适应技术创新，避免过度干预同时又能有效应对新兴风险，从而为数字金融的健康、可持续发展提供良好的政策环境和保障。

3. 培育数据要素和人才要素

加强数字基础设施、信用信息系统和数字金融生态系统建设，是夯实数字金融发展的基础。在工业 4.0 时代，数据已然成为除资本、人才、知识等传统生产要素外，另一种全新的生产要素。各个部门应重视数据要素培育，加快完善数字化基础设施，实现重点产业、关键领域与重点部门间的数据与公共信息的互联互通。通过建立数据信息资源共享平台，为传统金融机构开展数字金融业务创新提供数据要素支持。

各级政府部门还应继续建设与完善信用信息基础数据库。拓展数据库信息资源，将参与信贷交易的民营企业的基本信息、企业画像等汇集在一起，实现民营企业信用的多维度评价，有效缓解数字金融服务过程中的信息不对称问题。推动区域信用信息数据库、市场化征信机构、综合金融服务平台和金融信用信息基础数据库的发展，打通主要互联网借贷平台的连接障碍，实现银行与互联网平台信贷交易的全覆盖。同时还应加强数字金融相关法律法规体系建设，为数字金融可持续发展提供法律保障，建成科学完善的数字金融生态系统。数字金融相关人才培养也是一项重要的基础建设。各级政府部门应加大数字金融学专业领域的人才培养力度，设立相关专业，优化人才培养制度，培育出更多掌握数字技术知识、金融知识与创新素养的数字金融从业人员。

8.2.2　优化制造企业创新环境

1. 强化制造业升级政策供给

第一，政府可以通过税收优惠或研发补贴降低企业的资金压力，促进企业加大对智能化改造和技术创新的投入。具体来说，减免企业所得税或给予税收抵免，针对研发投入提供税收优惠政策，激励企业增加研发支出。此外，财政补贴和资金扶持也是重要的政策手段。通过直接补贴企业的研发成本或提供创新项目的资金支持，可以帮助企业降低高风险创新成本，鼓励企业更加积极地投入研究开发和成果转化中。相关政策的实施将有助于提升企业的创新能力和竞争力，推动制造产业链上下游的协同发展，促进整个产业生态系统的健康发展。

第二，在给予企业政策支持的同时也要加强企业创新的主体地位，避免政府对企业的过度干预。政府作为公共产品的供给者，在推进产业链创新链融合发展与智能化改造过程中要扮演好"守夜人"的角色，制定并提高一套有效激励企业技术创新的制度体系，确保企业公平竞争，降低企业交易成本，为企业转型升级提供良好的外部制度环境。以简化审批程序为例。简化审批程序是降低企业创业门槛、提高市场竞争活力的重要手段。智能制造企业通常需要进行注册和审批手续，如果审批程序过长、烦琐，将会大大阻碍企业的创新活动和市场准入。因此，简化审批程序可以有效地加快企业的注册和上市进程，节约时间和成本，有利于更多创新型企业进入市场，从而更有效地发挥智能制造的产业链创新链融合发展驱动效应。

2. 提高制造产业的科技供给能力

建立集研发载体、产业需求与创新资源于一体的科技成果转化平台，构建以市场为导向、企业为主体的产学研用深度融合的技术新生态，打通科技成果从实验室走向市场的"最后一公里"，进而形成"聚集科技成果展示—潜在伙伴吸引—研发技术转化—市场需求反馈—转化过程总结"的反馈功能链，更好地促进科技成果转化、推动制造业转型升级。针对行业共性技术和关键核心技术，实施"赛马"和"揭榜挂帅"制，提高制造产业的科技供给能力。实施"赛马"和"揭榜挂帅"制等竞争激励制度，促使科研机构更加注重产业需求，加大对关键技术的研发投入，同时，更好地调动科研人员的积极性和创新潜力，加快科技成果转化的进程，为制造业转型升级提供有力支撑。鼓励高校、科研院所与企业合办科技型企业，相较于一般的合作模式，三方合办科技型企业可以使得科研成果更加贴近市场需求。在此基础上，还要支持科研人员以技术入股创办企业，这不但可以激励科研人员的创新积极性，还能够将科研成果转化为企业经济效益的一部分，增强科研人员与企业之间的合作意愿和紧密程度。此外，也要明确科技成果的产权和收益归属，只有在科研人员、高校、科研院所和企业之间达成清晰的合作协议和收益分配方案，才能有效地激发各方的创新热情，推动科技成果转化和产业化进程，实现制造业转型升级。

3. 进一步完善知识产权保护体系

知识产权是制造企业创新的重要保障，对制造企业的竞争力和长期发展至关重要，建立健全的知识产权保护体系是保障智能制造产业健康发展的关键。要加大对知识产权侵权行为打击力度，遏制侵权行为，保护制造企业的创新成果和利益，进一步激发制造企业的创新意识和积极性。同时，建立健全的知识产权保护机制也有助于吸引更多资金和人才投入智能制造领域，推动产业链创新链融合发展的持续发展。具体而言，各级政府应加强知识产权全链条保护，协调知识产权保护、公平竞争、反垄断审查等工作，提高产权保护工作法治化水平，促进创新要素有序流动、高效配置。在实际工作中，各级政府首先应根据国情和发展需要改进法律法规，完善知识产权法律体系，补充法律空白，加强各项法律间的衔接，提高知识产权法律的可操作性，加强知识产权全链条保护；其次，应扩大宣传范围，创新宣传方式和手段，培养和增强公众的知识产权保护意识，协调知识产权保护、公平竞争、反垄断审查等工作，提高产权保护工作法治化水平，从而促进创新要素的有序流动和高效配置；最后，还应完善知识产权执法和管理机制，以解决知识产权执法不力的问题。充分重视创新成果的产权问题，加强知识产权保护制度建设，营造有利于制造企业智能化转型的社会环境，促进产业链创新链融合发展，提高整个产业链的效率和竞争力。

8.2.3　提升数字金融与制造业升级协同发展水平

1. 创新和优化互动协同发展模式

从全国各地区的对比发现，数字金融与实体经济融合过程中存在不平衡性。为了有效推进数字金融与制造业升级协同发展，政府可以鼓励不同地区发展采用不同的耦合方式。（1）对于经济发展滞后的西部和东北地区，鼓励采用主动耦合的方式。政府可以出台一系列优惠政策，如税收减免、财政补贴等，以吸引数字金融资本流向制造产业，特别是对于那些具有发展潜力但资金短缺的企业。同时，通过制定产业发展规划，明确数字金融与制造产业耦合的重点领域和方向，引导资源向这些领域倾斜。此外，建立跨部门协调机制，加强数字金融与制造产业之间的沟通与协作，确保政策的有效执行和资源的优化配置。鼓励和支持西部地区和东北地区发展新兴产业，如新能源、新材料、生物医药等，这些产业往往具有更高的技术含量和附加值，更容易与数字金融实现耦合。（2）对于发展具有潜力的中部地区，鼓励采用互动耦合模式。政府应出台针对性的政策措施，明确互动耦合模式的发展目标、重点任务和保障措施。通过政策引导，鼓励数字金融与制造产业加强合作，实现资源的高效配置。对积极参与互动耦合模式的企业给予一定的财政补贴和税收优惠，降低其运营成本，提高其参与积极性。搭建数字金融与制造产业的合作平台，为双方提供信息交流、项目对接和合作洽谈的便利条件。通过平台，企业可以更加便捷地找到合作伙伴，共同开发新项目。（3）对于经济相对发达的东部地区，鼓励重组耦合模式。政府可以出台一系列优惠政策，如税收减免、资金补贴等，鼓励制造业企业和金融机构进行深度合作，推动资源的高效整合和优化配置。建立健全相关法律法规体系，为重组耦合提供法律保障。明确各方权责，保护各方合法权益，降低合作风险。政府可以牵头建立信息共享平台，实现制造业企业和金融机构之间的信息互通，降低信息不对称带来的合作障碍。通过组织专题研讨会、项目对接会等活动，为制造业企业和金融机构提供面对面交流的机会，增进双方了解和信任，促进合作意向的达成。

2. 强化驱动数字经济与制造业升级协同发展要素的推动作用

经济发展水平与城镇化率作为两大核心驱动要素，对全国大部分地区的数字经济与制造业升级融合发展具有显著的推动作用。经济发展水平的提升，不仅要求政府充分发挥其职能作用，如制定合理政策、优化营商环境等，还需确保制造业升级能够在良好的环境中稳健发展，包括提供必要的政策支持、加强基础设施建设、优化产业布局等，以吸引更多的投资和技术创新，推动制造业向高端、智能、绿色方向转型升级。政府还应该指引市场探寻更为绿色环保的电力资源，以支持数字经济与制造业的绿色、可持续发展。通过推动新能源的开发利用，提高能源利用效率，减少碳排放，为数字经济与制造业升级的融合发展提供清洁、高效的能源保障。城镇化率的提高，则要求政府提供更好的软件与硬件配套设施。这包括完善城市交通网络、提升公共服务水平、优化城市空间布局等，以吸引更多的人才、企业和资本向城市集聚，促进数字经济与制造业升级在城市中的深度融合与协同发展。同时，政府能力提升对推动中西部省份的数字经济与制造业升级融合发展具有显著作用。由于中西部地区经济基础相对薄弱，政府应更加重视对这些地区的财政投入，以支持数字经济与制造业升级的融合发展。通过加大财政投入力度，优化财政支出结构，提高资金使用效率，为中西部地区数字经济与制造业升级的融合发展提供有力的资金保障。此外，教育投入水平也是影响数字经济与制造业升级融合发展的重要因素。政府应当通过加强职业教育与技能培训，提高劳动者的技能水平和就业能力，为数字经济与制造业升级的融合发展提供充足的人力资源保障。

3. 推进数字金融与制造业升级的深度融合

应鼓励传统金融机构顺应技术发展趋势，利用现代数字技术推动金融服务创新和改革，提高服务效率，增强用户体验。金融机构应利用数字化工具打造金融生态场景，创新金融产品，准确识别客户的金融需求，提高数字金融服务匹配度与满意度；并运用数字技术拓展数字服务渠道，开发在线金融产品，拓展数字金融服务的广度与深度；还应综合运用大数据风控技术、云计算等数字技术整合与挖掘内外部数据，有效降低数字金融风险，提高金融安全性。与此同时，政府要顺应金融发展规律，稳步推进数字金融企业发展，激发新型数字金融机构开展金融产品创新、流程创新与商业模式创新动力，充分发挥数字金融机构的数字技术优势，进而实现数字金融风险管理智能化、服务流程人性化、服务对象精准化以及服务供给多层次化。要把握科技发展趋势，在守住风险底线的基本原则下，各级政府应对数字金融与制造业升级深度融合给予政策支持，鼓励制造行业在数字金融领域积极尝试服务模式创新、金融产品创新和金融场景创新，鼓励数字金融行业突破当前"数据孤岛"困境，积极促进信息的有效流动，以提升数字金融服务质量。

参 考 文 献

［1］ 白列湖. 协同论与管理协同理论［J］. 甘肃社会科学, 2007（5）: 228 - 230.

［2］ 白雪洁, 周晓辉. 产业结构升级的经济增长空间溢出——软环境还是硬设施［J］. 山西财经大学学报, 2021, 43（9）: 44 - 56.

［3］ 蔡瑞林, 陈万明, 陈圻. 低成本创新驱动制造业高端化的路径研究［J］. 科学学研究, 2014, 32（3）: 384 - 391, 399.

［4］ 蔡跃洲, 马文君. 数据要素对高质量发展影响与数据流动制约［J］. 数量经济技术经济研究, 2021, 38（3）: 64 - 83.

［5］ 曹正勇. 数字经济背景下促进我国工业高质量发展的新制造模式研究［J］. 理论探讨, 2018（2）: 99 - 104.

［6］ 柴攀峰, 黄中伟. 基于协同发展的长三角城市群空间格局研究［J］. 经济地理, 2014, 34（6）: 75 - 79.

［7］ 陈长江. 江苏高质量发展水平测度与提升策略［J］. 南通大学学报（社会科学版）, 2019, 35（3）: 35 - 42.

［8］ 陈刚强, 李映辉, 胡湘菊. 基于空间集聚的中国入境旅游区域经济效应分析［J］. 地理研究, 2014, 33（1）: 167 - 178.

［9］陈劲.十三五的创新政策展望［J］.科学与管理，2015，
35（1）：3－6.

［10］陈宪，黄建锋.分工、互动与融合：服务业与制造业关
系演进的实证研究［J］.中国软科学，2004（10）：65－71，76.

［11］陈宪.论产业跨界融合对服务经济的影响［J］.科学发
展，2010（7）：48－64.

［12］陈小磊.“两化”融合背景下信息生产力水平评价指标
体系构建及测度研究［D］.南京：南京大学，2020.

［13］陈晓华，刘慧，张若洲.高技术复杂度中间品进口会加剧
制造业中间品进口依赖吗？［J］.统计研究，2021，38（4）：16－29.

［14］陈璇，钱薇雯.环境规制对制造业产业转移和结构升级
的双重影响［J］.统计与决策，2020，36（18）：109－113.

［15］程广斌，赵川，李祎.数字普惠金融、空间溢出与经济
增长［J］.统计与决策，2022，38（16）：132－136.

［16］程慧慧，蔡红霞，俞涛.制造业信息化绩效考核指标体
系研究［J］.现代制造工程，2012（2）：8－52.

［17］楚明钦.上海生产性服务业与装备制造业融合程度研
究——基于长三角及全国投入产出表的比较分析［J］.上海经济
研究，2015（2）：94－100.

［18］褚敏，靳涛.为什么中国产业结构升级步履迟缓——基
于地方政府行为与国有企业垄断双重影响的探究［J］.财贸经济，
2013（3）：112－122.

［19］戴翔，金碚.产品内分工、制度质量与出口技术复杂度
［J］.经济研究，2014，49（7）：4－17，43.

［20］丁杰，袁也，符号亮.金融减贫：数字金融与传统金融

的互动关系及相对重要性分析［J］．国际金融研究，2022（9）：14 - 24．

［21］杜传忠，管海锋．数字经济与我国制造业出口技术复杂度——基于中介效应与门槛效应的检验［J］．南方经济，2021（12）：1 - 20．

［22］樊纲，王小鲁，张立文，等．中国各地区市场化相对进程报告［J］．经济研究，2003（3）：9 - 18．

［23］封思贤，郭仁静．数字金融、银行竞争与银行效率［J］．改革，2019（11）：75 - 89．

［24］冯素玲，许德慧，张榕．数字金融发展如何赋能二氧化碳减排？来自地级市的经验证据［J］．当代经济科学，2023，45（4）：15 - 28．

［25］傅元海，叶祥松，王展祥．制造业结构优化的技术进步路径选择——基于动态面板的经验分析［J］．中国工业经济，2014（9）：78 - 90．

［26］龚六堂．新发展格局下数字人民币的前景与机遇［J］．人民论坛，2022（7）：82 - 85．

［27］顾海峰，高水文．数字金融发展对企业绿色创新的影响研究［J］．统计与信息论坛，2022，37（11）：77 - 93．

［28］顾海峰，闫军．互联网金融与商业银行盈利：冲击抑或助推——基于盈利能力与盈利结构的双重视角［J］．当代经济科学，2019，41（4）：100 - 108．

［29］郭峰，王靖一，王芳，孔涛，张勋，程志云．测度中国数字普惠金融发展：指数编制与空间特征［J］．经济学（季刊），2020，19（4）：1401 - 1418．

［30］郭品，沈悦．互联网金融、存款竞争与银行风险承担［J］．金融研究，2019（8）：58－76.

［31］郭品，沈悦．互联网金融对商业银行风险承担的影响：理论解读与实证检验［J］．财贸经济，2015（10）：102－116.

［32］郭向阳．长三角城市高速交通优势度与旅游强度协调时空演变及机理研究［D］．南京：南京师范大学，2021.

［33］韩江波．智能工业化：工业化发展范式研究的新视角［J］．经济学家，2017（10）：21－30.

［34］韩英荻，庞金波，衡丹丹．数字金融对农户多维相对贫困影响研究［J］．农业现代化研究，2022（2）：1－11.

［35］何宏庆．数字金融：经济高质量发展的重要驱动［J］．西安财经学院学报，2019，32（2）：45－51.

［36］何宏庆．数字金融助推乡村产业融合发展：优势、困境与进路［J］．西北农林科技大学学报（社会科学版），2020，20（3）：118－125.

［37］何静，汪侠，刘丹丽，等．国家级贫困县旅游发展与多维贫困的脱钩关系研究［J］．地理研究，2019，38（5）：1189－1207.

［38］侯层，李北伟．金融科技是否提高了全要素生产率——来自北京大学数字普惠金融指数的证据［J］．财经科学，2020（12）：1－12.

［39］胡育波．企业管理协同效应实现过程的研究［D］．武汉：武汉科技大学，2007.

［40］黄倩，李政，熊德平．数字普惠金融的减贫效应及其传导机制［J］．改革，2019（11）：90－101.

［41］黄睿，王坤，黄震方，等．绩效视角下区域旅游发展格

局的时空动态及耦合关系——以泛长江三角洲为例 [J]. 地理研究, 2018, 37 (5): 995 - 1008.

[42] 黄益平, 黄卓. 中国的数字金融发展: 现在与未来 [J]. 经济学 (季刊), 2018, 17 (4): 1489 - 1502.

[43] 黄益平, 陶坤玉. 中国的数字金融革命: 发展、影响与监管启示 [J]. 国际经济评论, 2019 (6): 5, 24 - 35.

[44] 蒋天颖, 丛海彬, 王峥燕, 等. 集群企业网络嵌入对技术创新的影响——基于知识的视角 [J]. 科研管理, 2014, 35 (11): 26 - 34.

[45] 蒋天颖, 华明浩, 张一青. 县域经济差异总体特征与空间格局演化研究——以浙江为实证 [J]. 经济地理, 2014, 34 (1): 35 - 41.

[46] 蒋天颖, 张超, 孙平, 等. 浙江省县域金融创新空间分异及驱动因素 [J]. 经济地理, 2019, 39 (4): 146 - 154.

[47] 蒋天颖. 浙江省区域创新产出空间分异特征及成因 [J]. 地理研究, 2014, 33 (10): 1825 - 1836.

[48] 李春涛, 闫续文, 宋敏, 杨威. 金融科技与企业创新——新三板上市公司的证据 [J]. 中国工业经济, 2020 (1): 81 - 98.

[49] 李国梁, 高建华, 刘丙章. 基于协同学的航空港经济区与区域协同发展研究——以郑州航空港经济综合实验区与河南省为例 [J]. 人文地理, 2018, 33 (1): 115 - 123.

[50] 李海舰, 田跃新, 李文杰. 互联网思维与传统企业再造 [J]. 中国工业经济, 2014 (10): 135 - 146.

[51] 李辉, 张旭明. 产业集群的协同效应研究 [J]. 吉林大学社会科学学报, 2006, 46 (3): 43 - 50.

［52］李骏阳. 对收取通道费原因的分析——基于我国零售企业的盈利模式研究［J］. 管理学报，2009（12）：1691－1695.

［53］李美云. 基于价值链重构的制造业和服务业间产业融合研究［J］. 广东工业大学学报（社会科学版），2011（5）：34－40.

［54］李平星，陈雯，孙伟. 经济发达地区乡村地域多功能空间分异及影响因素——以江苏省为例［J］. 地理学报，2014，69（6）：797－807.

［55］李涛，徐翔，孙硕. 普惠金融与经济增长［J］. 金融研究，2016（4）：1－16.

［56］李小玉，邱信丰. 以数字经济产业协同促进长江中游城市群高质量发展研究［J］. 经济纵横，2022（12）：41－49.

［57］李彦龙，沈艳. 数字普惠金融与区域经济不平衡［J］. 经济学（季刊），2022，22（5）：1805－1828.

［58］凌永辉，徐从才，李冠艺. 大规模定制下流通组织的网络化重构［J］. 商业经济与管理，2017（6）：5－12.

［59］刘爱东，曾辉祥，刘文静. 中国碳排放与出口贸易间脱钩关系实证［J］. 中国人口·资源与环境，2014，24（7）：73－81.

［60］刘俊杰，李超伟，韩思敏，张龙耀. 农村电商发展与农户数字信贷行为——来自江苏"淘宝村"的微观证据［J］. 中国农村经济，2020（11）：97－112.

［61］刘满凤，陈梁，廖进球. 环境规制工具对区域产业结构升级的影响研究——基于中国省级面板数据的实证检验［J］. 生态经济，2020，36（2）：152－159.

［62］刘孟飞，王琦. 互联网金融对商业银行绩效的影响机理与异质性研究［J］. 经济理论与经济管理，2021，41（8）：78－95.

［63］刘敏楼，黄旭，孙俊．数字金融对绿色发展的影响机制
［J］．中国人口·资源与环境，2022，32（6）：113－122．

［64］卢建霖，蒋天颖，傅梦钰．数字金融对绿色创新效率的
影响路径［J］．经济地理，2023，43（1）：141－147，235．

［65］卢建霖，蒋天颖．绿色金融、数字化与制造业升级
［J］．哈尔滨商业大学学报（社会科学版），2022（4）：44－53．

［66］卢建霖，蒋天颖．制造业智能化对企业关键核心技术能力
的影响及机制研究［J］．科研管理，2024，45（11）：109－118．

［67］卢亚娟，刘骅．科技信贷市场结构性改革与风险分担——
基于SCP范式的分析［J］．现代经济探讨，2017（3）：55－59．

［68］吕承超，崔悦．中国高质量发展地区差距及时空收敛性
研究［J］．数量经济技术经济研究，2020，37（9）：62－79．

［69］罗鹏，王婧，陈义国．数字普惠金融缓解城乡资本配置
扭曲的效果研究［J］．企业经济，2022（10）：137－148．

［70］马化腾．数字经济与实体经济的分野终将消失［J］．中
国经济周刊，2017（18）：82－83．

［71］马永斌，闫佳．产融结合与企业转型升级——基于制造
业上市公司参股非上市银行的实证研究［J］．特区经济，2019（5）：
102－108．

［72］毛晓蒙，王仁曾．数字金融与绿色发展——来自中国
286个城市的经验证据［J］．金融论坛，2023，28（9）：69－80．

［73］孟庆松，韩文秀．复合系统整体协调度模型研究［J］．
河北师范大学学报，1999（2）：38－40，48．

［74］彭邦文，武友德，曹洪华，等．基于系统耦合的旅游业
与新型城镇化协调发展分析——以云南省为例［J］．世界地理研

究，2016，25（2）：103-114.

［75］彭徽，匡贤明. 中国制造业与生产性服务业融合到何程度——基于2010—2014年国际投入产出表的分析与国别比较［J］. 国际贸易问题，2019（10）：100-116.

［76］齐绍洲，林屾，王班班. 中部六省经济增长方式对区域碳排放的影响——基于Tapio脱钩模型、面板数据的滞后期工具变量法的研究［J］. 中国人口·资源与环境，2015，25（5）：59-66.

［77］齐元静，杨宇，金凤君. 中国经济发展阶段及其时空格局演变特征［J］. 地理学报，2013，68（4）：517-531.

［78］钱海章，陶云清，曹松威，等. 中国数字金融发展与经济增长的理论与实证［J］. 数量经济技术经济研究，2020，37（6）：26-46.

［79］秦炳涛，余润颖，葛力铭. 环境规制对资源型城市产业结构转型的影响［J］. 中国环境科学，2021，41（7）：3427-3440.

［80］邱晗，黄益平，纪洋. 金融科技对传统银行行为的影响——基于互联网理财的视角［J］. 金融研究，2018（11）：17-29.

［81］任继周，万长贵. 系统耦合与荒漠—绿洲草地农业系统：以祁连山——临泽剖面为例［J］. 草业学报，1994（3）：1-8.

［82］沈玉芳，刘曙华，张婧，王能洲. 长三角地区产业群、城市群和港口群协同发展研究［J］. 经济地理，2010，30（5）：778-783.

［83］盛丰. 生产性服务业集聚与先进制造业升级：机制与经验——来自230个城市数据的空间计量分析［J］. 产业经济研究，2014，13（2）：32-39.

［84］盛天翔，范从来. 金融科技、最优银行业市场结构与小

微企业信贷供给 [J]. 金融研究, 2020 (6): 114-132.

[85] 时乐乐, 赵军. 环境规制、技术创新与产业结构升级 [J]. 科研管理, 2018, 39 (1): 119-125.

[86] 时朋飞, 李明星, 熊元斌. 区域美丽中国建设与旅游业发展耦合关联性测度及前景预测——以长江经济带 11 省市为例 [J]. 中国软科学, 2018 (2): 86-102.

[87] 宋敏, 周鹏, 司海涛. 金融科技与企业全要素生产率——"赋能"和信贷配给的视角 [J]. 中国工业经济, 2021 (4): 138-155.

[88] 孙承志, 高原, 吴勇民. 农村普惠金融与城乡经济统筹的协同发展机制与实证研究——以吉林省为例 [J]. 宁夏大学学报 (人文社会科学版), 2016, 38 (6): 114-121.

[89] 孙海芳. 信息生产力的特征及意义分析 [J]. 科学社会主义, 2007 (1): 132-134.

[90] 孙久文, 程芸倩. 京津冀协同发展的内在逻辑、实践探索及展望——基于协同视角的分析 [J]. 天津社会科学, 2023 (1): 114-121.

[91] 唐松, 伍旭川, 祝佳. 数字金融与企业技术创新——结构特征、机制识别与金融监管下的效应差异 [J]. 管理世界, 2020, 36 (5): 9, 52-66.

[92] 唐万梅, 向长合. 基于二次插值的 GM (1, 1) 模型预测方法的改进 [J]. 中国管理科学, 2006, 14 (6): 110-112.

[93] 陶爱萍, 盛蔚. 技术势差、OFDI 逆向技术溢出与中国制造业高端化 [J]. 国际商务 (对外经济贸易大学学报), 2018 (3): 85-98.

[94] 滕磊，马德功. 数字金融能够促进高质量发展吗？[J]. 统计研究，2020，37（11）：80-92.

[95] 王桂军，卢潇潇. "一带一路"倡议与中国企业升级[J]. 中国工业经济，2019（3）：43-61.

[96] 王坤，黄震方，曹芳东，等. 泛长江三角洲城市旅游绩效空间格局演变及其影响因素[J]. 自然资源学报，2016，31（7）：1149-1163.

[97] 王玉娟，江成涛，蒋长流. 新型城镇化与低碳发展能够协调推进吗？基于284个地级及以上城市的实证研究[J]. 财贸研究，2021，32（9）：32-46.

[98] 王喆，陈胤默，张明. 传统金融供给与数字金融发展：补充还是替代？基于地区制度差异视角[J]. 经济管理，2021，43（5）：5-23.

[99] 谢家智，吴静茹. 数字金融、信贷约束与家庭消费[J]. 中南大学学报（社会科学版），2020，26（2）：9-20.

[100] 谢平，邹传伟. 互联网金融模式研究[J]. 金融研究，2012（12）：11-22.

[101] 谢升峰，卢娟红. 普惠金融发展影响城乡居民福利差异的效应测度[J]. 统计与决策，2014（21）：127-130.

[102] 徐志向，丁任重. 新时代中国省际经济发展质量的测度、预判与路径选择[J]. 政治经济学评论，2019，10（1）：172-194.

[103] 薛凯芸，王越，胡振. 共同富裕视角下数字普惠金融对农户收入的影响——来自黄河流域中上游地区的证据[J]. 农业现代化研究，2022，43（6）：971-983.

[104] 薛莹，胡坚. 金融科技助推经济高质量发展：理论逻

辑、实践基础与路径选择 [J]．改革，2020（3）：53－62.

［105］闫德利，周子祺．数字经济：制造业是主战场 [J].
互联网天地，2017（4）：34－36.

［106］杨明婉，张乐柱，颜梁柱．金融服务减缓农户多维相
对贫困分析 [J]．经济与管理，2023，37（6）：22－29.

［107］杨珍丽，唐承丽，周国华，等．城市群—开发区—产
业集群协同发展研究——以长株潭城市群为例 [J]．经济地理，
2018，38（1）：78－84.

［108］姚凤阁，梁珈源，汪晓梅，张德华．数字金融、技术
进步与区域经济高质量发展 [J]．统计与决策，2022，38（18）：
142－146.

［109］叶船洋．中国电信业固移替代效应实证研究 [D]．南
昌：江西财经大学，2018.

［110］叶文辉，龚灵枝．数字普惠金融与包容性增长：理论
分析与展望 [J]．经济问题，2023（12）：49－57.

［111］尹振涛，李俊成，杨璐．金融科技发展能提升农村家
庭幸福感吗？基于幸福经济学的研究视角 [J]．中国农村经济，
2021（8）：63－79.

［112］尹志超，张号栋．金融可及性、互联网金融和家庭信
贷约束——基于 CHFS 数据的实证研究 [J]．金融研究，2018
（11）：188－206.

［113］余进韬，张蕊，龚星宇．数字金融如何影响绿色全要
素生产率？动态特征、机制识别与空间效应 [J]．当代经济科学，
2022，44（6）：42－56.

［114］余泳泽，孙鹏博，宣烨．地方政府环境目标约束是否

影响了产业转型升级？［J］. 经济研究，2020，55（8）：57-72.

　　［115］袁航，朱承亮. 国家高新区推动了中国产业结构转型升级吗［J］. 中国工业经济，2018（8）：60-77.

　　［116］原毅军，谢荣辉. 环境规制的产业结构调整效应研究——基于中国省际面板数据的实证检验［J］. 中国工业经济，2014（8）：57-69.

　　［117］战文清，刘尧成. 数字金融发展的经济稳定器效应［J］. 财经科学，2022（9）：1-16.

　　［118］张超，蒋天颖. 数字金融能否实现民营企业稳就业［J］. 调研世界，2024（7）：53-64.

　　［119］张超，钟昌标，蒋天颖，等. 我国区域协调发展时空分异及其影响因素［J］. 经济地理，2020，40（9）：15-26.

　　［120］张超，钟昌标，杨佳妮. 数字金融对实体企业高质量发展的影响研究——基于浙江的实证［J］. 华东经济管理，2022，36（3）：63-71.

　　［121］张广海，高俊. 中国星级酒店业TFP时空特征与影响因素研究［J］. 旅游学刊，2018，33（12）：69-72.

　　［122］张贵，薛伊冰. 协同论视阈下京津冀区域公共服务协同发展研究［J］. 天津行政学院学报，2018，20（5）：19-28.

　　［123］张洪玮. 生产性服务业集聚对城镇化的影响研究［D］. 重庆：重庆大学，2015.

　　［124］张龙耀，邢朝辉. 中国农村数字普惠金融发展的分布动态、地区差异与收敛性研究［J］. 数量经济技术经济研究，2021，38（3）：23-42.

　　［125］张文彤，董伟. SPSS统计分析高级教程（第2版）［M］.

北京：高等教育出版社，2015.

[126] 张勋，万广华，张佳佳，何宗樾．数字经济、普惠金融与包容性增长 [J]．经济研究，2019，54 (8)：71-86.

[127] 张治栋，孟东涛．长江经济带产业集聚推动城镇化了吗? 基于 108 个地级市 2005—2015 年数据的实证分析 [J]．华东经济管理，2018，32 (6)：74-81.

[128] 赵放，刘秉镰．行业间生产率联动对中国工业生产率增长的影响——引入经济距离矩阵的空间 GMM 估计 [J]．数量经济技术经济研究，2012，29 (3)：34-48.

[129] 赵林．女装享乐属性、功利属性对消费者满意度影响的实证研究 [D]．青岛：青岛大学，2019.

[130] 赵西三．数字经济驱动中国制造转型升级研究 [J]．中州学刊，2017 (12)：36-41.

[131] 植草益．信息通讯业的产业融合 [J]．中国工业经济，2001 (2)：24-27.

[132] 周斌，毛德勇，朱桂宾．"互联网+"、普惠金融与经济增长——基于面板数据的 PVAR 模型实证检验 [J]．财经理论与实践，2017，38 (2)：9-16.

[133] 周广肃，丁相元．数字金融、流动性约束与共同富裕——基于代际流动视角 [J]．数量经济技术经济研究，2023，40 (4)：160-179.

[134] 周奕．产业协同集聚效应的空间溢出与区域经济协调发展——基于"产业-空间-制度"三位一体视角 [J]．商业经济研究，2018 (21)：135-138.

[135] 周银香．交通碳排放与行业经济增长脱钩及耦合关系

研究——基于 Tapio 脱钩模型和协整理论〔J〕. 经济问题探索，2016（6）：41 – 48.

〔136〕Anselin L, Kelejian H H. Testing for spatial error autocorrelation in the presence of endogenous regressors〔J〕. International Regional Science Review, 1997, 20（1/2）：153 – 182.

〔137〕Arellano M, Bover O. Another look at the instrumental variable estimation of error-components models〔J〕. Journal of Econometrics, 1995, 68（1）：29 – 51.

〔138〕Beck T, Demirguc-Kunta A, Peria M S M. Reaching out：access to and use of banking services across countries〔J〕. Policy Research Working Paper, 2007, 85（1）：234 – 266.

〔139〕Beck T, Pamuk H, Ramrattan R, et al. Payment instruments, finance and development〔J〕. Journal of Development Economics, 2018, 133（7）：162 – 186.

〔140〕Beverelli C, Fiorini M, Hoekman B. Services trade policy and manufacturing productivity：the role of institutions〔J〕. Journal of International Economics, 2017（104）：166 – 182.

〔141〕Boppart T. Structural change and the Kaldor facts in a growth model with relative price effects and non-gorman preferences〔J〕. Econometrica, 2014, 82（6）：2167 – 2196.

〔142〕Catalano M, Pezzolla E. The effects of education and aging in an OLGmodel：long-run growth in France, Germany and Italy〔J〕. Empirica, 2016（43）：757 – 800.

〔143〕Cavallo M, Landry A. The quantitative role of capital goods imports in US growth〔J〕. American Economic Review, 2010, 100

(2): 78 – 82.

[144] Cheong T S, Wu Y R. The impacts of structural transformation and industrial upgrading on regional inequality in China [J]. China Economic Review, 2014, 31 (C): 339 – 350.

[145] Christian H, Lars H. The emergence of the global fin-tech market: economic and technological determinants [J]. Small Business Economics, 2019, 53 (1): 81 – 105.

[146] Demirguc-Kunt A, Kapper L. Measuring Financial Inclusion: The Global Findex Database [Z]. Policy Research Working Paper Series, 2012.

[147] Devlin J F. A detailed study of financial exclusion in the UK [J]. Journal of Consumer Policy, 2005 (28): 75 – 108.

[148] Eswaran M, Kotwal A. The role of the service sector in the process of industrialization [J]. Journal of Development Economics, 2002 (68): 401 – 420.

[149] Fuster A, Plosser M, Schnabl P, Vickery J. The role of technology in mortgage lending [J]. Review of Financial Studies, 2019, 32 (5): 1854 – 1899.

[150] Gereffi G. International trade and industrial up-grading in the apparel commodity chain [J]. Journal of International Economics, 1999, 48 (1): 37 – 70.

[151] Hanlon W W. Necessity is the mother of invention: input supplies and directed technical change [J]. Econometrica, 2015 (83): 67 – 100.

[152] Hansen B E. Threshold effects in non-dynamic panels: Es-

timation, testing, and inference ［ J ］. Journal of Econometrics, 1999, 93 (2): 345 - 368.

［153］ Hausmann R, Hwang J, Rodrik D. What you export matter ［J］. Journal of Economic Growth, 2007 (12): 1 - 25.

［154］ Herrigel G, Wittke V, Voskamp U, The process of Chinese manufacturing upgrading: transitioning from unilateral to recursive mutual learning relations ［J］. Global Strategy Journal, 2013 (3): 109 - 125.

［155］ Hoffmann W G. The Growth of Industrial Economics ［M］. Manchester: Manchester University Press, 1958.

［156］ Honohan P. Financial Development, Growth and Poverty: How Close are the Links? ［M］. Palgrave Macmillan, 2004.

［157］ Hsieh C T, Klenow P J. Misallocation and manufacturing TFP in China and India ［J］. The Quarterly Journal of Economics, 2009, 124 (4): 1403 - 1448.

［158］ Itay G, Wei J, Andrew G K. To fintech and beyond ［J］. The Review of Financial Studies, 2019, 32 (5): 1647 - 1661.

［159］ Jiang L. Financial exclusion analysis based on urban and rural differences and influencing factors ［C］. International Conference on Management Science, Education Technology, Arts, Social Science and Economics, 2015: 201 - 205.

［160］ Jones C I, Tonetti C. Nonrivalry and the economics of data ［J］. American Economic Review, 2020, 110 (9): 2819 - 2858.

［161］ Julapa J, Catharine L. Do fintech lenders penetrate areas that are underserved by traditional banks? ［J］. Journal of Economics and Business, 2018, 100 (3): 43 – 54.

[162] Kakaomerlioglu D C, Carlsson B. Manufacturing in decline? A matter of definition [J]. Economics of Innovation and New Technology, 1999 (8): 173 – 196.

[163] Kim D, Yu J, Hassan M. Financial inclusion and economic growth in OIC Countries [J]. Research in international Business and Finance, 2018, 43 (1): 1 – 14.

[164] Knickrehm M, Berthon B, Daugherty P. Digital Disruption: the Growth Multiplier [M]. Dublin: Accenture, 2016.

[165] Kuznets S. National Income and Its Composition [M]. New York: National Bureau of Economic Research Incorporated, 1941.

[166] Lia X. Upgrading of China's manufacturing industry: two-sector analysis based on the facilitation of producer services [J]. Procedia Environmental Sciences, 2011 (10): 307 – 312.

[167] Liu X, Mattoo A, Wang Z, Wei S-J. Services development and comparative advantage in manufacturing [J]. Journal of Development Economics, 2020 (144).

[168] Lu L. Promotiong SME finance in the context of the fintech revolution: a case study of the UK's practice and regulation [J]. Banking and Finance Law Review, 2018 (33): 317 – 343.

[169] Madden G, Savage S J. CEE telecommunications investment and economic growth [J]. Information Economics and Policy, 1998, 10 (2): 173 – 195.

[170] Managi S, Opaluch J J, Jin D, et al. Environmental regulations and technological change in the offshore oil and gas industry

[J]. Land Economics, 2005, 81 (2): 303 – 319.

[171] Manyika J, Lund S, Singer M, et al. Digital Finance for All: Powering Inclusive Growth in Emerging Economies [R]. America: Mckinsey Global Institute, 2016.

[172] Mrabet Z, Lanouar C. Trade liberalization, technology import and skill upgrading in Tunisian manufacturing industries: a dynamic estimation [J]. African Journal of Economic and Management Studies, 2013 (4): 338 – 357.

[173] Mueller M, Grindal K. Data flows and the digital economy: information as a mobile factor of production [J]. Digital Policy, Regulation and Governance, 2019, 21 (1): 71 – 87.

[174] Mushtaq R, Bruneau C. Microfinance, financial inclusion and ICT: Implications for poverty and inequality [J]. Technology in Society, 2019 (59): 101 – 154.

[175] Ord J K, Getis A. Local autocorrelation statistics: distributional issues and an application [J]. Geographical Analysis, 1995, 27 (4): 286 – 306.

[176] Parag Y A. FinTech: The Technology Driving Disruption in the Financial Services Industry [M]. Auerbach Publications, 2018.

[177] Phippon T. Has the US finance industry become less efficient? On the theory and measurement of financial intermediation [J]. American Economic Review, 2015, 105 (4): 1408 – 1438.

[178] Poon T. Beyond the global production networks: a case of further upgrading of Taiwan's information technology industry [J]. International Journal of Technology and Globalisation, 2004, 1 (1):

130 – 144.

[179] Robinson M S. The Microfinance Revolution: Lesion from Indonesia [M]. Washington D. C. : World Bank Publication, 2002.

[180] Sarma M. Index of Financial Inclusive: A Measure of Financial Sector Inclusiveness [Z]. Berlin Working Papers on Money, Finance, Trade and Development, 2012.

[181] Stiglitz R J. Equilibrium in competitive insurance markets: an essay on the economics of imperfect information [J]. The Quarterly Journal of Economics, 1976, 90 (4): 629 – 649.

[182] Tapio P. Towards a theory of decoupling: degrees of decoupling in the EU and the case of road traffic in Finland between 1970 and 2001 [J]. Transport Policy, 2005, 12 (2): 137 – 151.

[183] Tapscott D. The Digital Economy: Promise and Peril in the Age of Networked Intelligence [M]. New York: McGraw-Hill, 1996.

[184] Teece D, Pisano G, Shuen A. Dynamic capabilities and strategic management [J]. Strategic Management Journal, 1997, 18 (7): 509 – 533.

[185] Tsai K S. Financing Small and Medium Enterprise in China: Recent Trends and Prospect beyond Shadow Banking [R]. Hongkong: HKUST IEMS Working Paper, 2015 – 05 – 24.

[186] Ward M R, Zheng S. Mobile telecommunications service and economic growth: evidence from China [J]. Telecommunications Policy, 2016, 40 (2 – 3): 89 – 101.

[187] Wiengarten F, Fynes B, Onofre G. Exploring synergetic effects between investments in environmental and quality/lean practices

in supply chains [J]. Supply Chain Management: An International Journal, 2013, 18 (2): 148 – 160.

[188] Yang F F, Yeh A G O, Wang J. Regional effects of producer services on manufacturing productivity in China [J]. Applied Geography, 2018 (97): 263 – 274.

[189] Zhu H-Y, Dai Z-J, Jiang Z-J. Industrial agglomeration externalities, city size, and regional economic development: empirical research based on dynamic panel data of 283 cities and GMM Method [J]. Chinese Geographical Science, 2017 (27): 456 – 470.